JN116960

寺本康之の行政学 The BEST PLUS

ザ・ベスト プラス

寺本康之 著

エクシア出版

はじめに

こんにちは。寺本です。今回は政治学に続き、「行政学」の書籍を出版させていただくことになりました。政治学を書き終え、一息つく間もなくすぐに執筆にとりかかったので、逆に集中した状態で原稿を書き上げることができたかな～などと思っています。おかげさまで完全に夜型の人間になってしまいましたが……（笑）。

さて、行政学という科目は、「とっつきづらい」とか「イメージがわきにくい」などと言われ、受験生からはあまり人気がないようです。しかし、非常に実務的な科目であって、皆さんが将来公務員になってからも役立つ知識を学べる、とても楽しい科目です（私見）。また、他の科目との接点もあるため、かなりコスパのいい科目です。具体的には、教養試験の社会科学や時事、専門試験の憲法や行政法、経営学との接点があります。ですから、一度理解・記憶してしまえば、二度も三度もおいしい科目と言えます。しかも、政治学との比較で言えば、範囲が狭いので、出題されるポイントが決まっています。そこで、本書は公務員試験で出題されるポイントだけにフォーカスし、その代わりやや深めに知識を追っていくことにしました。こうすることで、地方上級や特別区だけではなく、国家公務員試験にも対応できるようになります。

なお、今回も政治学と同じように、過去問等を章末に一問一答形式にばらして載せることにしましたので、アウトプットを意識したインプットが可能となっています。これにより、時間をあまりかけずに合格レベルにまで達することができると確信しております。

最後に、私の拙い文章をいつも丁寧に整理し、私の良さを最大限に引き出してくれる堀越さんをはじめ、エクシア出版のスタッフの皆様に感謝申し上げます。

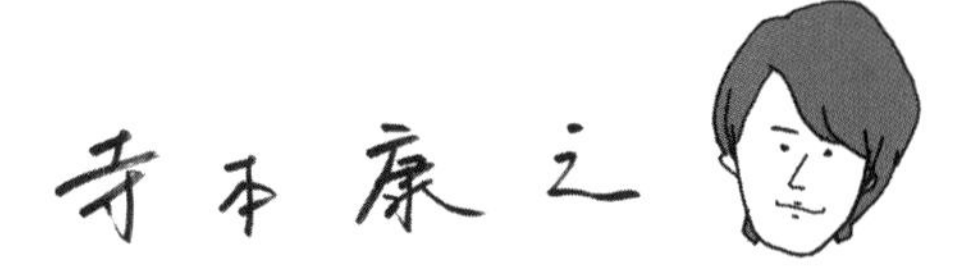

CONTENTS

How to use The BEST

1 行政学の歴史

難易度 ★★★

頻出度 ★★★

行政学の歴史は頻出です。特に、アメリカの行政学はよく出題されるので重要です。しっかりと勉強して、1点ゲットしましょう！

難易度・頻出度

時間がない時は、難易度の★が少ないもの、頻出度の★が多いものから学習するのもアリです。

② F.グッドナウ▶

F.グッドナウは1900年に『政治と行政』を著し、政治を「国家意思の表明」、行政を「国家意思の執行」と定義しました。これは要するに、基本的治と行政を分離することで、政治が行政に介入することを防ごうとした、ととを意味しています。つまり、行政固有の領域を保護するために政治の介入ことを説いたわけです。しかし、法の執行については、もちろん過度にして

③ L.ホワイト▶

L.ホワイトは、1926年にはじめての行政学の教科書『行政学研究序説入門』』を著したことで有名です。その中で、行政を国家の諸目的の遂行における人と物の管理であると定義し、行政の研究はあくまでも行政資源の管理を能率化することにあるとしました。ちなみに、ホワイトは1934年から３年間、合衆国人事委員会の委員を務めました。

つまり、最 能な効率と のコストを るというこ

学者などの人物名

Sランク
黒い太字＋下線。必ず押さえておきたい、本試験で頻出の超重要人物です。

Aランク
黒い太字のみ。Sランクまではいかないものの、合格ライン到達に欠かせない重要人物です。

PLAY&TRY

1. シュタインは、行政に関する学を総論と各論の2部構成とし、総論は、外務、軍務、財務、法務、内務の5部門からなり、各論は、行政組織、行政命

PLAY & TRY

実際の本試験問題で、インプットした知識を確認。正誤の判断が即座にできるようになるまで繰り返しましょう。また、解くことよりも、読んで誤りを確認することの方を重視しましょう。

ーディール政
政治と行政の
あるいは循環
離すことので
しました。要

人物イラスト
重要人物ばかりです。試験で使えるキーワードを話しているので、セリフも要チェック！

実際の大日本帝国憲法の内容には、シュタインの影響があまり入っていないらしいよ。

Teramoto's Trivia
登場人物に関する雑学、暗記のゴロ合わせなど、著者の豆知識をまとめています。
もしかしたら、記憶の手助けになるかも……！？

ミント先生

ペン太

ペン子

ナヤミン

ハカセ

デビル

Youtubeでポイント講義を無料配信！

▶右のQRコード
または
下記アドレスから
アクセス！

https://www.youtube.com/channel/UCOnXMnHpBfm7aSplgvTkpsw

行政学の歴史

難易度 ★★☆
頻出度 ★★★

行政学の歴史は頻出です。特に、アメリカの行政学はよく出題されるので重要です。しっかりと勉強して、1点ゲットしましょう！

1 ドイツの行政学

行政学の歴史は、ドイツから始まります。発展の順番は、官房学→シュタイン行政学→ドイツ公法学という形になりますので、これを押さえておけば必ず点数が取れます。特にシュタイン行政学が重要です。

1 官房学（カメラリズム）

君主に仕える側近が執務した部屋が官房です。したがって、何となく君主のための学問なのかなぁと思ってもらえればOKです。官房学は行政学の起源とされていて、17世紀から18世紀ごろに発達した学問です。一応、建前上は国民の福祉を増大させるための学問とされていましたが、その実態は、絶対主義の時代における**君主の利益の増大や、財産をいかに増やすかを考える学問に過ぎませんでした。**国の富国強兵を支えたという意義があったそうですが、もっと言うと、絶対主義時代の「警察国家」を支えた、君主のための学問であったと言えます。官房学は大きく、前期官房学と後期官房学とに分けることができるので、簡単に分けて説明します。

① 前期官房学▶

前期官房学は、**学問体系上未分化**で、一切の学問を含んでいました。ですから、これは学問と呼べないのではないかと思いますね。代表論者は、J.ベッヒャー、W.シュレーダー、V.ゼッケンドルフなどです。

② **後期官房学▶**

行政学の父と言われる**J.ユスティ**が体系化した学問で、今までの一切の学問の中から、国家の内政運営を任う学問である**警察学を体系化**しました。そして、この警察学を財政学や経済学などから分離させ、独立の学問として扱いました。

2 シュタイン行政学

シュタイン行政学は、19世紀に**L.シュタイン**が提唱した行政学なので、こう呼ばれています。シュタインは日本で結構有名ですよね。というのも、伊藤博文に憲法を教えた人物であり、陸奥宗光の師匠でもあるからです。学問的には、官房学からこの後で勉強するドイツ公法学に至るまでの中間的・かけ橋的学問と言えます。現代行政学の先がけと言ってもいいかもしれません。**国家を「それ自身が自我、意思および行為をもって人格にまで高められた共同体」**とし、国家と社会を概念的に区別したうえで、この国家と社会は**対立しうる関係**にあるとしました。そして、彼は、国家原理の内容を「憲政」と「行政」とに分けて、**憲政と行政の相互優位性を主張しました**。これは要するに、この2つが相互依存関係にあるということです。車の両輪のように2つそろわないと意味がないという感じです。**間違ってもどちらかが絶対的に優位するわけではありません。**

この人自身はヘーゲルの影響を受けていたため、国家と社会を分けて考察を加えたんだ。

L.シュタイン

憲政と行政はどちらも重要だよね。

憲政と行政

✓ **憲政**
国民の参加による国家意思の形成です(**国家意思の形成・決定**)。議会中心の政治を支えるものだと思っておきましょう。

✓ **行政**
国民の参加によって形成された国家意思の反復的実施です(**国家意思の執行**)。

国家
憲政 ↑ ↓ 行政
社会(国民)

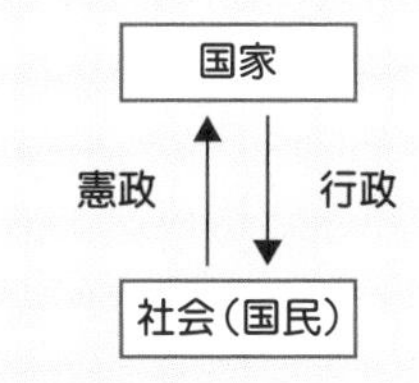

実際の大日本帝国憲法の内容には、シュタインの影響があまり入っていないらしいよ。

ちなみに、シュタインは、**行政なき憲政**は実行力に欠けるため**無内容**であり、**憲政なき行政**は正当性がないので**無力**であるとしました。そして、憲政を担う議会と行政を担う官僚制組織とは、**緊張関係**であるべきだとしました。

また、行政に関する学（いわゆる行政学）を総論と各論の２部構成とし、総論は、行政組織、行政命令、行政法の３部門からなり、各論は、外務、軍務、財務、法務、内務の５部門からなるとしました。総論と各論をひっくり返す出題が目立つので、覚えておきましょう。

3 ドイツ公法学

ドイツ公法学は、19～20世紀に立憲主義の成立とともに盛んになってきた学問で、「法律による行政」の原理を新たな指導原理としました。これは行政に対する**憲政の絶対的優位**を説くものです。行政法でも勉強したと思いますが、その具体的な内容は、法律の法規創造力、法律の優位、法律の留保の三原則です。ただ、ドイツの場合、形式的法治主義が採用されていたため、法律の「内容の合理性」は求められませんでした。よって、**国民の権利・自由の擁護は極めて不徹底**だったようです。

2 アメリカ行政学の誕生

アメリカ行政学は、ドイツの系列とは**無関係**に出てきたもので、経営学の影響を強く受けています。大きく分けると、技術的行政学と機能的行政学に分かれます。これは時代の順番だと思っておけばいいので、技術的行政学から機能的行政学へ、という流れをまずは押さえましょう。**技術的行政学**は、**政治・行政二分論**という考えをベースにしています。これは政治と行政の概念を明確に区別し、行政は政治が決めた法律の技術的執行過程としてのみとらえる立場です。ですから、行政は執行過程をいかに能率的に運営するかだけを考えることが求められました。時代的には19世紀～1920年代までと思っておきましょう。**情実任用制**による行政の素人化・非能率化を背景にこのような考え方が主流となったと言われています。技術的行政学は、初めてアメリカで体系化された行政学

公務員を試験ではなくて、政治的に任命する制度だよ。19世紀までアメリカやイギリスでとられていたんだ。特にアメリカでは「猟官制（スポイルズ・システム）」なんて呼ぶよ。

Teramoto's Trivia 形式的法治主義のもとでは、「悪法も法なり」ということになってしまうんだよね。

であったことから、「**正統派行政学**」と称されることもあります。一方、**機能的行政学**は、**政治・行政融合論**をベースにしています。これは政治と行政の概念を密接不可分な連続過程として捉え、行政を立法機関が制定した法律の技術的遂行過程として把握するとともに、政治の目的や価値判断をも考察の対象とすべきであるとする立場です。つまり、行政も政治的な意思決定に関与するべきだ、というようなイメージですね。これは1929年にアメリカが引き起こした世界恐慌で、**ニューディール政策**が行われたことにより、行政国家化が進んだことがきっかけです。行政の役割が飛躍的に拡大する中で公務員の数も増え、行政優位の社会（つまり、行政国家）が出来上がっていく始まりとも言えますね。

世界恐慌の危機を克服するためにF.ルーズベルト大統領が実施した新規まき直し政策。テネシー渓谷開発公社（TVA）の公共事業、農業調整法や全国産業復興法などにより景気回復を図った。また、社会保障法やワグナー法（全国労働関係法）などを作ったんだ。

ここでは、技術的行政学系統の学者と機能的行政学系統の学者に一応分けて覚えてもらいます。本当はピシッと分けられるものではないのですが、試験的にはこのような覚え方でOKです。

アメリカ行政学

✓ **技術的行政学** → 政治・行政**二分**論（技術を二分する）
✓ **機能的行政学** → 政治・行政**融合**論（機能を融合する）

1 技術的行政学（政治・行政二分論）

① W.ウィルソン▶

W.ウィルソンは、第28代アメリカ合衆国大統領として「14か条の平和原則」を発表し、国際連盟の創設を提唱した人物として有名ですが、実は学者です。彼は、1887年に『行政の研究』という論文を発表し、**政治と行政の役割は明確に分ける必要があると主張しました。**行政は政治的に決定されたことを執行する過程に過ぎないのだから、行政研究の目的は、その執行過程をいかに能率的に行うか、そしていかに最小のコスト、最小のエネルギーで最大の効果をあげるよう実施するかを発見することにあるとしました。そのうえで、彼は「**行政の領域はビジネス（経営）**

ウィルソンと次のグッドナウはアメリカ行政学の創始者と言われているよ。

Teramoto's Trivia

ウィルソンの『行政の研究』は論文なんだ。だから、試験で「論文」というキーワードを見たら、とりあえず「あ、ウィルソンだ！」と思ってかまわない。

の領域である」という名言を残しています。行政の場面に経営の手法を応用しようというわけです。この名言はよく試験で出題されていますね。彼は、政治の影響（政党政治）が行政に及ぶことを防ぎたいという思いから政治・行政二分論を説いたと言われています。

W. ウィルソン

② **F. グッドナウ**▶

F. グッドナウは1900年に『政治と行政』を著し、政治を「**国家意思の表現（表明）**」、行政を「**国家意思の執行**」と定義しました。これは要するに、基本的には政治と行政を分離することで、政治が行政に介入することを防ごうとした、ということを意味しています。つまり、行政固有の領域を保護するために政治の介入を防ぐことを説いたわけです。しかし、**法の執行については、もちろん過度にしてはいけないのですが、ある程度、政治による統制が必要だ**としています。彼によると、行政には、①法の執行的機能、②準司法的機能、③行政組織の設立及び保持に関わる機能（政府組織維持機能）の３つの役割があると言います。そして、このうち**執行的機能だけは政治の統制に服し、それ以外は服すべきではない**としました。なんとなく分かると思うのですが、政治が法律を作る以上は、その執行を完全に行政に丸投げするのはよくない。ある程度自分たちもその執行について監視の目を光らせなければならない、ということが言いたいのでしょう。

F. グッドナウ

グッドナウの政治と行政の捉え方

✓ **政治（国家意思の表現）**
① 政治
② 行政統制

✓ **行政（国家意思の執行）**
① **法の執行的機能　⇒政治の統制に服する**
② 準司法的機能
③ 行政組織の設立及び保持に関わる機能
（②③）⇒ **政治の統制に服すべきではない**

③ L.ホワイト▶

L.ホワイトは、1926年に初めての行政学の教科書『行政学研究序説（行政学入門）』を著したことで有名です。その中で、行政を国家の諸目的の遂行における**人と物の管理**であると定義し、行政の研究はあくまでも**行政資源の管理を能率化すること**にあるとしました。ちなみに、ホワイトは1934年から３年間、アメリカで人事委員会の委員を務めました。

つまり、最大限可能な効率と最小限のコストを発見するということだよ。

④ W.ウィロビー▶

W.ウィロビーは1927年に『行政の諸原理』を著し、行政学の目的である作業能率を確保するためには何らかの基本原理が存在するはずだとして、それを**科学的方法**によって発見しようとしました。そこで「**科学としての行政学**」を確立した人物だと言われます。彼は、「**五権分立**」を唱えたことでも有名です。立法権、司法権、**執政権、行政権**、**選挙権**に分けました。

W.ウィロビー

行政学は科学だ！
この響き、すごくイケてるだろ？五権分立もイケてるよね。

選挙で選ばれた人が行う行政活動を「執政権」と呼んで、いわゆる資格任用制で採用された官僚の行政活動である「行政権」と区別をしたんだ。

2 機能的行政学（政治・行政融合論）

① P.アップルビー▶

P.アップルビーは、**自らニューディール政策に参画した体験**から、現実の政治と行政の関係は、整合的または連続的、あるいは循環的なものであって、両社は切り離すことのできない結合関係をなしているとしました。要するに、政治と行政は連続過程であるとしたわけです。著書には1949年に著した『政策と行政』があります。

P.アップルビー

ニューディール政策に関わったのは私の誇りだよ。これがキーワードとなり私とわかる肢が多いよ。

② R.A.ダール▶

R.A.ダールは、1947年の著書『行政の科学』の中で、３点にわたって正当派行政学を批判しました。まず、能率を重視することは**特定の価値判断を前提としている**と批判しました。つまり、能率を重視している人ほど特定のバイアスを持っていることが多いということです。次に、従来の正統派行政学は人間を形式的・機械的に理解しているだけであって、**人間の非合理的な側面を考慮していない**と批判しました。そして最後に、行政理論と社会環境との関連性を無視していると批判しました。社会環境にマッチした行政理論でなければ意味がありませんからね。このような３つの批判をしたのがダールです。

R.A.ダール

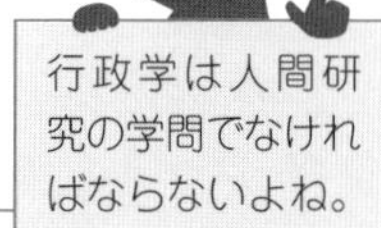

③ D.ワルドー▶

D.ワルドーは、『行政国家（論）』という著書において、能率偏重の態度は価値中立ではなく、アメリカ独自の経済的、社会的、イデオロギー的な枠組みと不可分に結び付いて形成されてきたものだと批判しました。また、**能率はそれ自体が問われるべき価値ではない**とし、能率という純粋概念の追求の限界を指摘して、まずは**何のための能率なのかを問う必要がある**としています。ちなみに、彼は**能率を「客観的能率」と「規範的能率」に分け、二元的能率を提唱しました**（３章）。

④ H.A.サイモン▶

H.A.サイモンは、処女作『経営行動』や論文『行政の諺（ことわざ）』で、従来の正統派行政学の諸原理は科学的ではないので、**諺のように、相互に矛盾**する対のようになってしまっていると指摘しました。しかも、どの原理に従うかによって違う組織になるにもかかわらず、そのいずれを採用するのかという点について説明されていないことにも触れました。「**諺（ことわざ）のサイモン！**」と覚えましょう。

ハーバート・アレクサンダー・サイモンという名前なんだけど、ハーバード大学出身ではないよ。

PLAY&TRY

1. シュタインは、行政に関する学を総論と各論の2部構成とし、総論は、外務、軍務、財務、法務、内務の5部門からなり、各論は、行政組織、行政命令、行政法の3部門からなるとした。【特別区H26】	**1.** × 総論と各論が逆である。
2. シュタインは、国家とはそれ自身が自我、意思及び行為とをもって人格にまで高められた共同体であるとした。【特別区H26】	**2.** ○ そのとおり。これは社会の定義ではないので注意しよう。
3. シュタインは、行政とは国民の参加による国家の意思の形成であり、憲政とは国家の意思の反復的実施であるとした。【特別区H26】	**3.** × 行政と憲政が逆である。
4. シュタインは、憲政と行政の双方が優位を占める二重の関係を設定し、行政なき憲政は無内容であり、憲政なき行政は無力であるとした。【特別区H26】	**4.** ○ そのとおり。相互優位の関係である点を押さえよう。
5. W.ウィルソンは、「行政の研究」という論文において、行政の領域がビジネスの領域ではなく、政治の領域の中に存在すると主張し、行政は政治の決定したことを具体的に遂行する役割を果たすとした。【特別区R1】	**5.** × 行政の領域はビジネスの領域であるとした。
6. W.ウィルソンは、「行政の研究」という論文において、行政の領域は、政治の領域内にあるビジネスの領域であると述べ、行政は政治の範囲の内に存在し、行政の問題は政治の問題であるとした。【特別区H29】	**6.** × ウィルソンは政治の領域と行政の領域を分けた(政治・行政二分論)。

7. W.ウィルソンは、行政を研究する目的は、政府は何を適切かつ有効に遂行することができるか、その仕事をどうすれば最大の能率と最大限の金銭とエネルギーの消費で遂行することができるかを発見することであるとした。

【特別区H29】

7. ×
その仕事をどうすれば最小限の金銭とエネルギーの消費で遂行することができるか、の誤り。

8. 後に第28代米国大統領となるW.ウィルソンは、論文「行政の研究」の中で、行政の領域を司法固有の領域の外にある「政治の領域」として捉え、司法から切り離された行政と猟官制を確立する必要性を説いた。

【国家一般職R1】

8. ×
行政の領域を政治固有の領域の外にある「ビジネスの領域」として捉えた。また、猟官制の確立を説いたわけでもない。

9. F.グッドナウは、『政治と行政』で、政治と行政の関係性を考える中で、政治を住民意思の表現、行政を住民意思の執行であるとして、民主政治の下では住民意思の執行である行政に対する政治的統制は、いかなる場合においても行われるべきではないとした。

【国家一般職R1】

9. ×
法の執行の場面では政治的統制が行われるべきであるとした。

10. グッドナウは、狭義の行政には、準司法的機能、執行的機能、複雑な行政組織の設立及び保持にかかわる機能があり、準司法的機能だけが政治の統制に服し、それ以外は服すべきでないとした。

【特別区H29】

10. ×
「執行的機能だけが」の誤り。

11. グッドナウは、「政治と行政」を著し、すべての統治制度には、国家の意思の表現と国家の意思の執行という根源的な統治機能があり、国家の意思の表現を政治、国家の意思の執行を行政とした。

【特別区H29】

11. ○
そのとおり。
「表現」と「執行」を逆に覚えないように気をつけよう。

12. グッドナウは、国家意思の執行としての政治と、国家意思の表現としての行政を区分したうえで、政治による行政への統制が及ぶ範囲を法律の執行にとどめ、その他の領域については行政の裁量を認めるべきであると主張した。

【特別区R1】

12. ×
国家意思の表現を政治、国家意思の執行を行政と区分した。

13. ホワイトは、「政策と行政」を著し、ニューディール政策に参画した経験から、行政とは政策形成であって多くの基本的政治過程の1つであるとし、政治と行政の連続性を指摘した。

【特別区R1】

13. ×
アップルビーの誤り。

14. P.アップルビーは、行政とは政策形成であり、一連の政治過程の一つとしていたが、ベトナム戦争での行政官としての職務経験から、政治と行政の断絶性を指摘するようになり、後に政治行政二分論を唱えた。

【国家一般職R1】

14. ×
ニューディール政策での行政官としての職務経験から、政治と行政の連続性を指摘するようになり、後に政治行政融合論を唱えた。

15. アップルビーは、「経営行動」を著し、これまでの行政学は管理や組織の一般原理を導くことに努めてきたが、そこで明らかになったものは行政の一面の原理にすぎず、相互の原理においては、諺（ことわざ）のごとく相矛盾すると批判した。

【特別区R1】

15. ×
サイモンの誤り。

16. マートンは、従来の行政学の諸原理を矛盾した諺（ことわざ）と評し、それぞれの原理を総合的に分析してみると、あたかも諺のように相対立する原理を含んでいると批判した。

【特別区H30】

16. ×
サイモンの誤り。

17. D.ワルドーは、それまでの行政学を批判し、「政策と行政」を著した。彼は、能率それ自体よりも何のための能率であるかということを重視する考え方を否定し、能率の客観的側面と規範的側面に注目する二元的能率観に基づく議論を提起した。

【国家一般職H29】

17. ×
『政策と行政』はアップルビーの著作である。また、ワルドーは何のための能率であるかということを重視する考え方に立ったので誤り。

学者がたくさん出てきたけど落ちついて進もう。まだ最初だからね〜。

組織理論の系譜

難易度 ★★★
頻出度 ★★★

組織理論は、古典的組織論から新古典的組織論、現代組織論への発展を遂げました。流れを押さえると、覚えやすくなります。

1 科学的管理法（テイラー・システム）

1 F.W.テイラー

F.W.テイラー

科学的管理法とは、19世紀末から20世紀初頭にかけてアメリカで唱えられた工場労働の管理法です。**F.W.テイラー**によって提唱されたので、またの名を「**テイラー・システム**」と言います。組織全体をいかに能率的に管理するかを考えたもので、企業に最高の能率をもたらす作業管理のあり方は何かと考えた結果、生み出された理論です。彼はフィラデルフィアの製鉄工場（ミッドヴェール・スチール社）で主席技師を務めていた経験から、『工場管理』と『科学的管理法の諸原則』を著しました。特に後者では、工場労働の管理を目的として、作業能率を上げるための科学的管理法を提唱したわけです。科学的管理法のポイントを次にまとめてみましたので、一読ください。

科学的管理法のポイント

✓ **課業管理**
時間研究（ある仕事を何秒でこなせるかの研究）と動作研究（どのような動きをすれば作業が効率化するかの研究）を組み合わせることにより、労働者の一日の標準作業量である**標準課業を設定**し管理する方式です。一定の作業条件下における最良の動作と標準時間を科学的に設定する課業管理の必要

テイラーはハーバード大学法学部に入学したんだけど、目の病気で大学を辞めざるを得なかったんだ。

性を説きました。「一日の標準作業量」を「一日の標準作業時間」とする×肢に注意しましょう。

✓ **差別的出来高制の採用**

標準課業を達成した労働者に対しては高い賃金を支払い、達成しなかった労働者に対しては**減収**によるペナルティーを課す制度です。

✓ **機能別(職能別)職長制度**

監督者である職長を機能別に分け(**複数**にし)、それぞれの職長が部下に対して命令を与える方式です。その方が作業の専門性が高まると考えたわけですが、**命令系統の一元化を放棄するものであったため**、その後「人は二君に仕えず」と叩かれました……。

✓ **科学的管理法の影響**

科学的管理法は、企業において大量生産のための工場労働管理に利用されたほか、**行政にまで影響が及びました**。具体的には、猟官制排除の流れの中で1906年に設立された**ニューヨーク市政調査会**ではかに先んじて目をつけられ、その後、全国に波及した行政調査運動でも科学的管理法の調査手法と能率の原則が適用されました。

ニューヨーク市政調査会が目指したのは、企業経営で取り入れられていた科学的管理法を行政の世界にも導入することだったんだ。

2 古典的組織論

1 H.フェイヨール

H.フェイヨールは、**テイラーと同様に、組織の管理を研究した人物**で、近代経営学の創始者と評されています。ただ、テイラーと一線を画すのは、1917年に『産業ならびに一般の管理』を著し、機能別(職能別)職長制度を批判した点です。つまり、彼は命令系統の一元化が望ましいとしました。これは後述するギューリックにも引き継がれていくことになります。

フェイヨールは組織全体の管理(管理の科学)に着目したんだけど、テイラーは現場の作業管理(作業の科学)に着目したんだ。

彼は、企業経営を技術、営業(商業)、財務、保全、会計、管理の6つの職能に分類し、**特にこの中でも「管理」の重要性を説きました**。さらに、「管理」の概念を細分化して管理の5要素として、①計画 ⇒ ②組織化 ⇒ ③命令 ⇒ ④調整 ⇒ ⑤統制

「フェイヨール」は「ファイヨール」と出てくることもあるね。

⇒ 再び①計画に戻る、という循環の構造を明らかにしました。

古典的組織論は、組織の管理の仕方として、能率化を目指して**ラインとスタッフ**の分離や命令系統の一元化を主張する考え方です。

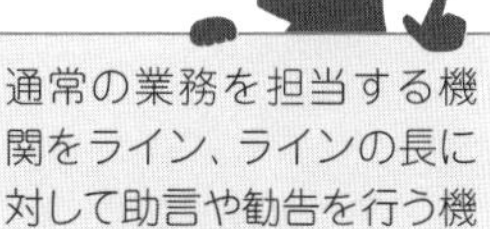

通常の業務を担当する機関をライン、ラインの長に対して助言や勧告を行う機関をスタッフと言うよ。詳しくは6章で後述するね。

2 L.ギューリック

古典的組織論、そして技術的行政学（正統派行政学）を大成した人物がアメリカの**L.ギューリック**です。『管理科学論集』の中で「**行政の科学の基本的善は能率である**」と言い、能率こそが行政の価値尺度のナンバーワンの公理であるとしました。そして、**ラインとスタッフの分離**を図ることで、分業を推進していくべきだとしました。この人の言ったことは本当にたくさんあるので、試験でも一問まるまるギューリック、なんてこともしばしばです。次にギューリックが述べたことを端的にまとめておきますので、これらをしっかりと覚えて試験に臨んでください。

L.ギューリック

ポスドコルブって……。もっとよい呼び名があればいいのだけど頭文字を並べただけでスイマセン。

ギューリックの主張

✓ **組織編成原理**

組織が大きくなればセクションが細分化されていくので分業が特に重要になります。そこで、セクション間の調整を図るために、組織の編成手法として次の３つを提唱しました。

① **命令系統一元化の原理（命令一元性の原理）**

一人の部下に対して命令するのは**一人の上司**でなければならないという原理です。部下から見て上司は一人である方が望ましいということです。テイラーの機能別（職能別）職長制度は採用しませんでした。

② **統制範囲の原理（スパン・オブ・コントロール）**

監督者である上司の能力には限界があるので、**部下の人数は一定の範囲に限る**べきであるという原理です。上司から見て部下は一定数に限るべ

ギューリックは経済学者のケインズのもとを訪れて、戦後の国際経済についてアドバイスをしたらしいよ。

きだということです。命令系統一元化の原理とは視点が逆なので注意しましょう。

③ **同質性の原理**

能率を高めるために業務の同質性に着目して、くくれるものはくくるという原理です。同質性の基準は**目的（教育、法務など）、作業方法（人事や会計など）、対象（男性・女性、子ども・高齢者など）、地域（関東・東北など）の4つ**です。

✓ **POSDCoRB**（ポスドコルブ）

行政管理をつかさどる最高責任者（職長）が有する7つの権限を表す言葉です。各単語の頭文字をとって、POSDCoRBと呼びました。また、このような様々な権限を一手に担う職長を支えるためには、**スタッフの拡充が求められる**としました。この提言は、F.ルーズベルト大統領が1937年に置いた**行政管理に関する大統領委員会（通称ブラウンロー委員会）**でなされ、後の大統領府の設置に結びつきました。

なお、第二次世界大戦中に進行した国の財政赤字を解消するために、H.トルーマン大統領が設置した行政改革委員会は、第一次フーバー委員会（1947年）だ。ひっかけに注意しよう！

Planning（計画・企画立案）
Organizing（組織化）
Staffing（人事）
Directing（指揮監督）
Coordinating（調整）
Reporting（報告）
Budgeting（予算作成）

7つ

3 新古典的組織論（人間関係論）

組織のあり方について、フォーマル組織だけではなく、インフォーマル組織の重要性をも主張したのが新古典的組織論です。

「新古典」という表現は少し分かりにくいと思います。そこで、組織の人間関係が作

G.E.メイヨー

業能率に大きな影響を及ぼしているよ、という指摘をしたので「**人間関係論**」という表現で覚えても構いません。これは1920年代から30年代にかけて**G.E.メイヨー**と**F.J.レスリスバーガー**がある実験を通じて発見したしたものです。その実験の因果関係を次にまとめていますので一読ください。

F.J.レスリスバーガー

ホーソン工場実験のポイント

メイヨーとレスリスバーガーは、1920年代にシカゴ郊外にあるウェスタン・エレクトリック社(電気機器メーカー)のホーソン工場で実験を行って、照明の明るさなどの作業環境や、経済的利益が能率に影響していることを実証しようとした。

↓

これは、科学的管理法(照明が明るければ作業能率がアップする、など)の実証実験的な意味合いがあったようだが、思うような成果が出なかった。

↓

そこで、調査方法を変更したところ、**フォーマル組織は必要だが、インフォーマル組織(非公式組織、非定形組織)が能率や生産性の向上にとって重要であることを発見した**。つまり、これが労働の意欲を高めるため、能率や生産性の向上につながるということ。ただ、注意してもらいたいのは、フォーマル組織が無意味であるということを言っているのではない点。

フォーマル組織(公式組織、定形組織)とは、いわゆる組織図に書かれる組織で、部・局・課・係などを言う。一方、インフォーマル組織(非公式組織、非定形組織)とは、同期会や職場仲間などのように自然に形成された人間集団のことだよ。

↓

これが「**人間関係論**」。職員の満足度や連帯感などを重視する考え方である。

ちなみに、ほかにも、M.P.フォレットは、自我を個人我と集団我に分けました。現代人は、孤立した自我の中ではなく、むしろ集団的な組織を通じて創造精神を発揮するとしました。彼女は組織における人間関係の重要性を指摘しているので、位置づけとしては人間関係論者の一人とされています。また、**P.M.ブラウ**のように、**官僚制にもインフォーマル組織の充実が必要**だと説いた人もいますね。人間関係論の官僚制への応用を試みたということです。

4 現代組織論

最後に、現代組織論の祖と言われている**C.I.バーナード**を紹介しておきます。この人の弟子には**H.A.サイモン**がいます。現代組織論は、フォーマル組織とインフォーマル組織の相互作用を重視する点が特徴です。いわば両者の統合みたいなものですね。バーナードは、一般的な意味の組織を「**協働システム（体系）**」という言葉で表しました。そして、協働システムの要となる公式組織を「**意識的に調整された活動や諸力のシステム（体系）**」と定義し、その成立要件を、**共通目的**、**協働意欲（貢献意欲）**、**コミュニケーション（意思伝達）**の３つとしました。これらを有効に成立させることが経営者としての役割だとしたわけです。

「限定された合理性」という概念を用いて、行政組織における意思決定のモデルとして「**満足化モデル**」を提示した。詳細は11章で。

また、バーナードは、**組織均衡理論**という学説を提唱したことでも有名です。これは組織の存続可能性に関わる理論でとてもわかりやすいので、理解は容易です。具体的に言うと、組織均衡理論とは、能率を維持し、組織を存続させるためには**「誘因」と動機によって導かれる「貢献」のバランス**がとれていなければならないという理論です。「誘因」は給料やインセンティブなどの金銭的価値、安定した地位や高いステータスなどの社会的価値、やりがいや満足感などの心理的価値を言います。心理的価値も誘因に含まれるとした点には注意しましょう。一方、「貢献」は単純に仕事量などと考えておくと分かりやすいでしょう。そうすると、「誘因」＞「貢献」となれば、人は組織に参加したいと思うでしょうから、組織は一応存続できるとは思います。しかし、すぐに財政難となり経営は破綻してしまいますよね（笑）。結果的に組織は維持できません。逆に「誘因」＜「貢献」となってしまうと、労働者はワーキングプア状態になるので、構成員は組織を離れる結果に……。やはり結果的に組織を維持することは難しくなります。よって、「誘因」＝「貢献」となることが重要なわけです。

C.I.バーナード

そのほか、バーナードが提唱したメジャーな学説を次にまとめておきます。

Teramoto's Trivia
バーナードは著書『経営者の役割』を出したことでテイラーと並ぶ経営学者として名声を高めたんだ。

バーナードの権威受容説

C.I.バーナードが著書『**経営者の役割**』で提唱した、上司の命令に部下が従うのは全て何らかの権威の受容があるからだ、とする説です。部下はなぜ上司の指示に従うのか？ という命題は**全て権威の受容で説明できる**とします。権威の種類は主に次の２種類です。

権威の類型	内容
機能の権威	職務に関する上司の高度の**知識**、専門的な**能力**、豊富な**経験**に裏付けられた権威。カリスマ的支配に近い。
地位の権威	職務上の地位（局長、部長、課長などの**ポスト**）に基づく権威。伝統的支配に近い。

上司の命令が部下にとって理解可能で、特に従うことに苦痛・不利益を伴わない**無関心圏**に属するときには、部下は**地位の権威でも従いますが**、上司の命令が部下の関心圏（無関心圏を超えた場合）に属する場合は、**機能の権威でないと従いません**。

例えば、単なる日常業務に対する上司の命令などを考えてみて。

なお、この機能の権威が成立しない場合には、上司は制裁権をちらつかせて服従を強要することがあります。しかし、これも部下の受容によって初めて成立するものです。これを、権威の客観的な側面を捉えて「権限」といいます。

5　その他の組織

1　A.ダンサイアの三人一組論

イギリスの行政学者であるA.ダンサイアは、官僚制組織の意思決定は、**上下関係にある３人の職員の組合せ、すなわち「三人一組」を単位としてなされているとしました**。このうち「**中間者の役割**」が重要だとしています。

Teramoto's Trivia
「三人の中で中間者が一番ダサイ」と覚えるといいかも。本当は一番カッコイイのだけどね。

三人一組論のイメージ

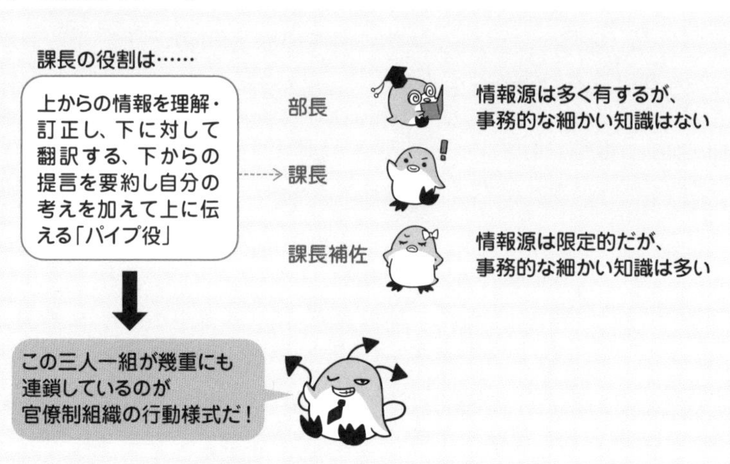

2 R.リッカートの「集団的意思決定方式」

R.リッカートは、個人の参加する小規模なセクションが組織の基礎的な構成単位であるとして、この各構成単位の間を**連結ピン**でとめることで結合・連携させることが大切だとしました。これにより、それぞれの構成単位がバラバラになることを防ぎ、メンバー間の意思統一を図ることができるので、組織全体の能率をあげることができるわけです。これが「**集団的意思決定方式**」です。トップダウンで作られた組織よりも、集団を結合・連携させるように作られた組織の方が優れていることを示すものですが、この理論により集団主義であるとされる日本の組織を上手く説明することができるようになります。

3 コンティンジェンシー理論

1960年代に提唱された理論で、T.バーンズ、G.M.ストーカー、J.ウッドワード、P.R.ローレンスやJ.W.ローシュらが展開したよ。

コンティンジェンシーとは、組織に与える条件のことを指します。すなわち、組織というものを考えるときには、**最良の型は存在せず**、その時々の**環境に応じて柔軟に変化させるのがベスト**だという考え方です。組織と環境との相互依存関係を重視するもので、外部環境の変化が組織のあり方をも決めるといったイメージを持っておくといいでしょう。この理論は環境からの影響を重視しすぎているきらいがあるので、組織内部における主体的かつ積極的な改革が成功したという多くの事例をうまく説明できないのでは？ という批判が加えられることもあります。

PLAY&TRY

1. ギューリックは、行政機関の最高管理者が担うべき管理機能には、計画、組織、人事、指揮、協力、判断、調和の７つの機能があるとし、POSDCORBという造語で表現した。
【特別区H24】

1. ×
「協力、判断、調和」ではなく、「調整、報告、予算」である。

2. ギューリックは、指揮命令系統を一元化するため、ラインとスタッフの結合が必要であると、ブラウンロー委員会で提言した。
【特別区H24】

2. ×
ラインとスタッフの分離が必要であるとした。

3. ギューリックは、組織を編成する際には、同じ仕事は一か所に集めた方がいいとする同質性の原理を唱え、同質性の基準として、規模、対象、地域の３つを挙げた。
【特別区H24】

3. ×
目的、作業方法、対象、地域の４つを挙げた。

4. ギューリックは、行政の科学における基本的善は能率であり、能率は行政の価値尺度のナンバーワンの公理であるとした。
【特別区H24】

4. ○
そのとおり。
『管理科学論集』の中で述べた言葉である。

5. ギューリックは、一人の部下に対して命令するのは一人の上司でなければならないとする、スパン・オブ・コントロールの原理を唱えた。
【特別区H24】

5. ×
本肢は命令系統一元化の原理の説明である。

6. ギューリックは、組織のトップが担うべき総括管理機能には、計画、組織、人事、指揮監督、調整、報告、予算という７つの機能があるとし、これらの単語の頭文字を取って、POSDCoRBという略語を造り出した。

【特別区Ｒ１】

6. ○
そのとおり。
７つの機能を判断できるようにしておこう。

7. L.ギューリックは、W.タフト大統領による節約と能率に関する大統領委員会に参画した際、組織管理者の担うべき機能として、忠誠心、士気、意思疎通という三つが行政管理において重要であるとし、それらの頭文字によるPOSDCoRBという造語を示した。

【国家一般職R1】

7. ×
F.ルーズベルト大統領の「行政管理に関する大統領委員会」の誤り。

8. フェイヨールは、官僚制組織を体系的に考察し、「訓練された無能力」という概念を用いて、手段が自己目的化してしまう「目的の転移」という官僚制の逆機能の問題を主張した。

【特別区H30】

8. ×
マートンの誤り。マートンについては５章で後述。

9. メイヨーは、弟子のレスリスバーガーらとホーソン工場において実験を行い、インフォーマル組織よりもフォーマル組織が重要であるという人間関係論を主張した。

【特別区H30】

9. ×
逆である。インフォーマル組織の重要性を指摘した。

10. ホーソン工場での実験は、当初の調査は科学的管理法の観点と手法に立って設計されたものであったが、メイヨーらは、その妥当性に疑問を抱き、調査の観点と方法を変更した。

【特別区H21改題】

10. ○
そのとおり。
途中で調査方法を変更した点を覚えておこう。

11. ホーソン工場での実験により、インフォーマル組織は、フォーマル組織の活動を阻害し、その存在は効果的な協働関係を維持するためには必要ないものであることが明らかになった。

【特別区 H21改題】

11. ×
インフォーマル組織が必要であることが明らかになった。

12. ホーソン工場での実験により、物理的環境の変化が生産性に直結するのではなく、個人の感情や態度がそこに介在し、職場の仲間との人間関係や個人的な経験が感情や態度の変化に大きく影響することが明らかになった。

【特別区 H21改題】

12. ○
そのとおり。
人間関係に基づく感情や態度が生産性に影響を与えることが分かった。

13. C.I.バーナードは、組織が成立するためには、相互に意思を伝達できる人々がおり、それらの人々が行動により貢献しようとする意欲があり、共通目的の達成を目指すという三つの要素が必要であるとした。

【国家一般職R 1】

13. ○
そのとおり。
組織の成立要件として、コミュニケーション(意思伝達)、協働意欲(貢献意欲)、共通目的の3つが必要である。

14. コンティンジェンシー理論によれば、安定的な環境では、規則や手続を整備することなく責任の所在が明確な非官僚制的組織となる一方、不確実性の高い環境では、規則や手続を整備することで臨機応変な対応が可能な官僚制的組織となる。

【国家一般職R 1】

14. ×
安定的な環境では、機械的組織となることが多いため官僚制的組織となる。一方、不確実性の高い環境では、臨機応変な対応が可能となるようにするために、非官僚的組織となる。

15. サイモンは、「限定された合理性」という概念を用いて、行政組織における意思決定のモデルとして「満足化モデル」を提示し、その意思決定の理論はバーナードに継承された。

【特別区 H30】

15. ×
バーナードの継承者がサイモンである。

16. バーナードは、現代組織理論の創始者といわれ、組織論として「協働体系」を提示し、組織が成立する要件として共通目的、協働意思、コミュニケーションを掲げた。

【特別区 H30】

16. ○
そのとおり。
「協働体系」は「協働システム」ともいうよ。

17. バーナードは、上司の指示･命令が部下にとって、理解可能で、それに従うことが、精神的肉体的苦痛を伴わず、個人的な利害にも組織の目的にも反していないように思われるとき、この指示･命令は部下の「無関心圏」に属するとした。

【特別区 H25】

17. ○
そのとおり。
無関心圏では、地位の権威でも部下は従う。

18. バーナードは、人が組織に参加しようとする場合は、動機や貢献が誘因を上回る場合であるとし、逆に人が組織から離脱しようとする場合は、誘因が動機や貢献を上回る場合であるとした。

【特別区 H25】

18. ×
人が組織に参加しようとする場合は、誘因が貢献を上回っている場合である。逆に人が組織から離脱しようとする場合は、貢献が誘因を上回る場合である。なお、比較するのは誘因と貢献の2つである。

19. バーナードは、地位の権威とは、組織内で上司がその職務について部下以上に経験豊富で専門能力を持ち、すぐれた識見を持っているがゆえに、部下はこの上司の判断･指示の正しさを信頼して従う指導力による支配であるとした。

【特別区 H25】

19. ×
本肢は「機能の権威」に関する説明である。

20. バーナードは、時間研究や動作研究によって、工場での作業を単位動作に分解し、それを最も能率的に組み合わせることによって、最大の生産性を実現することをめざして、作業環境を標準化し作業の合理的な管理手法を提示し、効率的でより優れた組織管理の方法を開発した。

【特別区 H25】

20. ×
本肢はテイラーの「科学的管理法」に関する説明である。

21. バーナードは、直属上司は一人でなければならないという「命令系統一元化の原理」、管理者が統制する部下の数には一定の限界があるという「統制範囲の原理」、類似した性質の仕事を統合するべきであるという「同質性の原理」という３つの原理によって、組織は編成されるべきであると初めて提唱した。

【特別区 H25】

21. ×
本肢はギューリックの「組織編制原理」に関する説明である。

ん〜、バーナードがやっかいだなぁ……。
みんなは大丈夫かなぁ。

能率論

難易度 ★★☆
頻出度 ★☆☆

能率の考え方自体はとても大切なのですが、なぜか試験ではあまり出題されません。ただ、出題された際には確実に点数に結びつけるべきテーマと言えます。

忘れたころに出題されるのが「能率論」についてです。機械的能率、バランスシート的能率、社会的能率、二元的能率などがあるため、これらを区別して覚えるのがコツになります。

1 機械的能率

技術的行政学、特にテイラーからギューリックへという流れの中で全面的に支持されてきた能率です。中でも**L.ギューリック**は、能率を行政の最高の善と位置づけて（ナンバーワン公理）、**最小の時間・労力・経費によって最大の効果を目指すのが能率だ**、と考えていきます。行政における能率をあたかも**機械の作業能率と同じロジックで考える**立場が「機械的能率」だと思っておきましょう。これはただ「節約」をすればいいという話ではないので、その点には注意を要します。時間、労力、経費を最小に抑えても、効果が出なければ意味がありませんものね。

2 バランスシート的能率

H.A.サイモンが主張したのがバランスシート的能率です。これはバランスシート、すなわち貸借対照表のように、インプット（**投入**）とアウトプット（**産出**）の比率で能率を考える立場です。サイモンは、機械的能率を否定はしていないので、これも広い意味で機械的能率の一類型であると考えてください。

3 社会的能率

機能的行政学が発達する中で唱えられたのが**M.ディモック**の社会的能率です。これは、行政の**社会的有効性**を指標として能率を考える立場です。社会的有効性とは、**職員の勤労意欲や満足度、行政サービスに対する市民の満足度**などを指します。機械的能率とは異なり、このような人間的な気持ちを充足することを能率と捉えたわけです。この考えによると、能率と民主主義が親和的・相互補完的な関係となります。より多くの人の気持ちに応えることが能率につながるからです。

4 二元的能率

D.ワルドーが提唱した能率が、二元的能率です。彼は、時と場合によって能率を使い分ける必要があると説きます。つまり、行政目的に合わせて能率を使い分けようというわけです。具体的には、入札の場面における業者選定など、**比較的単純な行政事務の場合**には、数量的に算定可能な「**客観的能率**」を、政策判断などが必要な**複雑な行政事務の場合**には「**規範的能率**」を用いるべきであるとしました。なお、「客観的能率」は機械的能率と、「規範的能率」は社会的能率とほぼ同じであると考えておいて問題ありません。

ちなみに、能率論そのものではないけど、バーナードは、組織活動の「有効性」と「能率性」とを区別し、**有効性**とは組織における**共通目的の達成度合い**を指し、**能率性**とは、職員及び組織活動に貢献している人々の**満足の度合い**を指すとした。

PLAY&TRY

1. 機械的能率とは、科学的管理法における能率概念である。能率の内容を決定するものは、労力、時間、経費の三要因であり、最少の労力、時間、経費によって最大の効果を実現することが能率を測定する最大基準となる。

【特別区H30改題】

1. ○
そのとおり。
機械的能率とは、科学的管理法における能率概念であることを覚えておこう。

2. サイモンが提唱する社会的能率は、組織成員の勤労意欲と仕事についての満足とともに、組織と交渉をもち、組織からサービスを享受する顧客や消費者の満足の度合いをもって判定される能率概念である。機械的能率とは異なり、より人間的な要請を充足する性質をもつものである。

【特別区H30】

2. ×
ディモックの誤り。

3. サイモンは、能率とは、ある活動への投入(input)と産出(output)の対比であるとする機械的な能率観を批判して、真の能率とは、組織活動に対する職員や消費者の満足感によって決まるという社会的能率観を提唱した。

【国家一般職H24改題】

3. ×
ディモックの誤り。

4. ワルドーは、能率には客観的能率と社会的能率の2つがあり、行政活動においては、社会的能率こそが有効であるとした。

【オリジナル】

4. ×
規範的能率の誤り。また目的に応じて能率を使い分けるべきだとした。

5. バーナードは、能率性とは組織目的の達成度合いを指し、有効性とは職員および組織に貢献している人々が感じている満足の度合いを指すとした。

【オリジナル】

5. ×
能率性と有効性が逆。

4 公務員制度

難易度 ★★☆
頻出度 ★★★

公務員制度は超頻出テーマです。イギリスとアメリカは比較で覚えましょう。日本は、戦前と戦後に分けて覚えると効果的に学習できます。

1 公務員の任用制度

ここでは、公務員の採用方法に着目して、イギリスとアメリカの違いをお話ししていきます。ただ、違いと言っても、大きな流れは「情実任用制」から「資格任用制」へという感じで同じなので、根本的に何かが違うわけではありません。ですから、理解は容易です。イギリスの方が資格任用制へ移行したのが早かったので、イギリス→アメリカという順番で解説していきます。

1 イギリス

イギリスでは、その時の政権党の支持者を官職に任命する**情実任用制（パトロネージ）**が採られていました。もともとは官僚制を民主化しようという趣旨で取り入れられたようですが、非常に党派的・恩恵的な人事システムとなります。大きい声では言えませんが、ぶっちゃけコネ採用に近いものだと考えておけばOKです。しかし、これでは政権党が入れ替わるたびに官職も入れ替わることになるため、行政官の身分が不安定化しますし、なにより専門性が身に付きません。そこで、**1853年**に**「ノースコート・トレヴェリアン報告」**による勧告を受け、**資格任用制（メリット・システム）**を導入することにしました。これは行政官になるためには公開競争試験をパスしなければならないというもので、成績主義で採用が行われる仕組みです。今の公務員試験のようなシステムですね。

政治的な思惑で採用が行われるので、「政治的任用」とも呼ばれるよ。

ちなみに、イギリスは日本と同じように事務次官や局長などの上級管理職が政治

ノースコートとトレヴェリアンが作成した報告書だから「ノースコート・トレヴェリアン報告」と呼ばれていたんだ。実は人の名前なんだよ。

的任命となっていません。以前の日本のように（つまり旧国家公務員Ⅰ種・Ⅱ種）、試験が階級別の採用となっていて、上級の試験で採用された人が上級管理職に進むことになります。

2 アメリカ

アメリカでもイギリスと同じように、官職の情実任用が行われていました。アメリカの場合、選挙の際に、大統領が自分を支持してくれた人に対して連邦政府の官職を与えるといったケースが多く見られたため、これを**猟官制（スポイルズ・システム）**と呼ぶことがあります。アメリカの場合はどちらかと言うと、永続した行政官僚による支配が実現しないように民衆の行政参加を促す側面が強かったと考えられます。要するに、民衆の政党支持態度のようなものを官職人事にも反映させようじゃないか、ということです。

A.ジャクソン

この猟官制は、**第3代大統領T.ジェファーソンの時に始まり、第7代大統領A.ジャクソンの時に最盛期を迎えました**。いわゆるジャクソニアン・デモクラシーですね。官職は選挙における勝者のもの、という慣行が出来上がったわけです。

ジェファーソンはアンチ・フェデラリスト（反連邦派）だよ。つまり、弱い連邦政府と権力の分散を求めたグループで、職業的官吏制度は害であるという立場だね。

しかし、この猟官制の下では、行政の専門性や継続性、さらには中立性までもが確保できません。ついには、猟官に失敗した者によるガーフィールド大統領暗殺事件なども起こってしまい、その弊害の方が多く見られるようになってしまいました。そこで、行政管理の必要性から、**1883年**に上院議員の**ペンドルトン**が提唱した**ペンドルトン法が制定**され、資格任用制（メリット・システム）が導入されました。これによって、公開競争試験による中立的任用が行われるようになり、連邦公務員任用制度が近代化されたという運びです。しかし、アメリカの場合は、**今もなお大統領が高級官僚たちを政治的に任用している**というのが実情です。具体的には、連邦政府の高級官僚は、**現在でも政治的任命職**なので、大統領の交代によって大量のメンバーが入れ替わります。また概ね局長級レベル以上の職員の任命は**上院の承認**が必要とされています。そういった意味では、アメリ

Teramoto's Trivia
スポイルズ・システムの語源は「戦利品（スポイルズ）は勝者の手に」という文句だよ。

力の資格任用制はあまり徹底されていません。

2 日本の公務員制度

1 戦前

日本では明治期に公務員制度が整備されました。日本の場合はドイツから学んだという感じですね。戦前の日本で官公庁に勤める者としては、**官吏**（かんり）**・雇**（こ）**（雇員**（こいん）**）・傭人**（ようにん）**の種別**がありました。

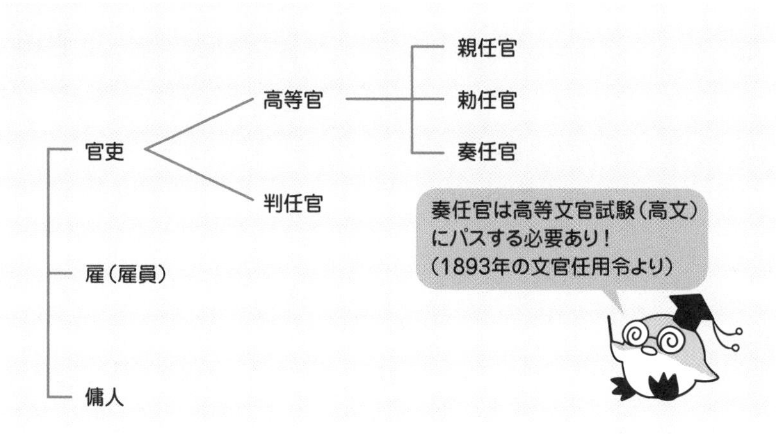

まず、**官吏は「天皇の官吏」**とされていましたので、任免権は**天皇の大権（任官大権）**とされていて運用も勅令でなされていました。つまり、天皇によって任命される職員ということです。そして、官吏は特別の義務に服する反面、厚い身分保障や恩給の支給などの特権が与えられていました。また、この官吏制はすべて天皇の発する勅令で定められていました。法律ではないんですね。官吏の中でも、序列があって、それは天皇からの距離によって決められていました。具体的には**高等官（親任官**（しんにんかん）**、勅任官**（ちょくにんかん）**、奏任官**（そうにんかん）**）**と**判任官**（はんにんかん）といった身分的な区分がありました。高等官の中でも大臣級が親任官、局長級以上が勅任官、それ以外が奏任官といったイメージです。これらはいわばキャリア官僚です。一方、判任官はノンキャリといったイメージです。

次に、雇（雇員）と傭人ですが、これらは非官吏です。雇（雇員）は、高等小学校卒程度の学歴を有する一般事務員です。傭人は、義務教育終了後に労務に従事する現場作業員といった感じです。これらは**「非官吏」**で、**民法上の契約**（雇用）に基づいて国から雇われていました。

試験的には、官吏の改革を覚えていく必要があります。1893年までは東京帝国大学卒業者は無試験で官吏になれるという仕組みになっていました。しかし、**1893年に文官任用令が制定**され、官吏任用制度が大きく変わります。つまり、無試験で任用されるという特権を廃止したのです。具体的には、**奏任官には高等文官試験（高文）合格者**を、判任官には普通文官試験合格者を採用することとし、原則として無試験での任用を排除したわけです。しかし、勅任官はいまだ政治的任用が残されたままでした。その後、**1899年の山県内閣で文官任用令が改正**され、勅任官は奏任官の中から選ぶという形になり、**政治的任用がなくなりました**（つまり勅任官になるためには高文をパスする必要がある）。つまり、これによって、高等文官試験合格が高級官僚になるための唯一の手段となったのです。

でも、その後1913年に文官任用令が再度改正され、政治的任用が復活したんだ。

2 戦後

① 国家公務員法▶

戦後は、憲法が変わったこともあり、公務員は**「全体の奉仕者」**（憲法15条２項）とされました。しかも、公務員制度は勅令ではなく法律で運用されることになりました。すなわち、1947年に**フーバー勧告**に基づき**国家公務員法**が、1950年に地方公務員法が制定されました。ここでは、国家公務員法の制定に関連して、「フーバー勧告」を覚えておきましょう。これは結構重要です。まず、フーバー顧問団の報告書をフーバー勧告と言います。フーバーは、日本の公務員制度について調査分析を行い、**職員の数が多すぎる、給料が安すぎる**、高等文官試験の合格者のみが優遇されている、などといった具合にいちゃもんをつけてきました。そして、当時の片山哲内閣に対し、国家公務員法の要綱を提出し

国家公務員は、国家公務員法の適用を受けない特別職と適用を受ける一般職とに分けられるよ。一般職は労働三法（労働基準法、労働関係調整法、労働組合法）と最低賃金法が適用されないんだ。

て法制化を促しました。これを受けて出来上がったのが、国家公務員法です。しかし、同法ではフーバー勧告に反する内容のものが数多く盛り込まれていたため、フーバーがぶち切れます。そこで翌**1948年に国家公務員法は改正されました**。

改正の要旨は主に３つだよ。①相当の独立性を有する**人事院を設置する**、②**事務次官(事務方のトップ)を一般職化する**(つまり、政治的任用を排除)、③**公務員の労働基本権を制限する**、の３つだ。

さて、このようないざこざを乗り越えて、人事行政としては1948年に**人事院が設置されました**。これは国会の両院の同意を得て内閣が任命する人事官をもって組織される機関で、**統一的な人事行政を確立**するために置かれました。人事院は、行政委員会なので、**準立法機能(人事院規則を出せる)**や**準司法機能(審査権限がある)**を持ちます。内閣の所轄の下にあるとされ、根拠法は国家公務員法なので通常の省庁のように**国家行政組織法の適用は受けません**。これは相当の独立性が認められているということを意味します。会計検査院も独立性が強いのですが、会計検査院とは異なり、憲法上位置付けられているわけではないので注意が必要です。人事院は、国家公務員試験を統一的に実施したり、**人事院勧告**で給与の是正を勧告したりしますよね。人事院勧告は、労働基本権が制約された国家公務員の代償措置として位置づけられています。

人事院勧告とは、**一般職の公務員**の勤務条件に関して勧告を行う制度だよ。民間企業の給与実態を調査して、公務員の給与水準を民間の給与水準と均衡させるために(**民間準拠**)勧告を行っているんだ。少なくとも毎年１回、国会、内閣に対して給与の是正勧告を行う(地方公務員の場合は人事委員会が行う)。ただ、**実際に完全実施されるとは限らない**。つまり、法的な拘束力はないんだ。

国家公務員の労働基本権

	団結権	団体交渉権	団体行動権(争議権)
権力的公務員(警察、消防、自衛隊、海上保安庁職員)	×	×	×
非現業公務員	○	△(労働協約締結権なし)	×
現業公務員、公営企業職員	○	○	×

フーバーはGHQ民政局公務員課長というポストについていた。

② 職階法の制定と廃止▶

次に、アメリカの影響をもろに受けたのが**職階法の制定**（1950年）です。**職階制**を日本にも導入しようとして失敗したのです。日本の雇用慣行は、人に仕事を振るというものです。なので、仕事に人を振るという職階制は日本にはなじみませんでした。ちなみに、ずーっと凍結された後、**結局運用されることなく**、能力等級制の導入とともに**2009年４月１日に廃止**されました。

すべての職務を分類し、そこに必要な人員を配置していくシステム。この職階制は、**1923年にアメリカ**で初めて導入された制度なんだけど、日本にはなじまなかった。

③ 国家公務員の報告業務と情報公開▶

その後の動きで出題されるものと言えば、国家公務員倫理法の制定です。これは1999年に制定された、官僚と民間との癒着を防止するための法律と言えるかもしれません。内容としては、本省課長補佐級以上の者が１回5000円を超える接待を受けた場合、４半期ごとに**報告義務**が課せられます。また、本省審議官級以上の職員は、前年に行った株などの取引や所得についても報告書を提出することになっています。民間と接触しちゃいけないとは言っていないので、注意しましょう。接触してもいいけど、ちゃんと報告してね、というルールになっているわけです。

それから、2008年には、**国家公務員制度改革基本法**により、職員が国会議員と接触した場合に当該接触に関する記録の作成、保存その他の管理をし、その情報を適切に公開するために必要な措置を講ずるものとされました。これも国民全体の奉仕者である国家公務員に対する規制として覚えておきましょう。

④ 内閣人事局の設置▶

2014年に、国家公務員法の改正により、内閣人事局が設置されました。これは**内閣官房**に置かれる内部部局の一つで、各省の**幹部人事**について、内閣が一括して行うために設けられました。これにより、政治・官邸主導の行政運営を実現することが可能となります。もともと2008年に制定された国家公務員制度改革基本法の中で、「政府は……内閣官房に内閣人事局を置くものとし……」と既に定められていたのですが、紆余曲折を経て、施行後６年となる2014年にようやく内閣人事局が設置されました。これにより、**幹部人事は各省から切り離されました。**

3 「開放型」と「閉鎖型」

資格任用制を前提として、各国の公務員の任用制度は、大きく閉鎖型任用制と開放型任用制に分けることができます。**閉鎖型任用制**は、**ヨーロッパや日本**で行われているもので、**新規一括採用が原則**となるので、入り口メインの任用方式をとります。採用された職員は、手取り足取りの研修を受け、どちらかと言えば**ゼネラリスト**として活躍することが期待されます。一方、**開放型任用制**は**アメリカの職階制を前提**とした任用方式です。職務に人を割り振るので、その職務に欠員が生じたら随時補填する感じとなり、**中途採用**がメインとなります。ですから、当該職務を全うできる**スペシャリスト**が求められることになります。研修も補充的なものがちょこちょこ行われるだけで、大々的には行われないというのが普通です。それぞれの特徴を次にまとめておきますので、一読してみてください。

閉鎖型任用制と開放型任用制（資格任用制が前提）

	閉鎖型任用制 （ヨーロッパ、日本）	開放型任用制 （アメリカ）
特徴	年功序列の終身雇用 →新規一括採用重視 （ゼネラリストの養成）	職階制 →中途採用重視 （スペシャリストの採用）
欠員が生じた場合の対応	配置転換等の内部の人事異動で対応する	随時外部から補填する

ちなみに、日本では採用されていないのですが、アメリカやイギリスなどでは、公務員の構成を社会全体の構成（人種や階層などから見た人口比率）に合わせようという考え方が採られることがあります。これを「**代表的官僚制**」と呼びます。例えば、アメリカでは1964年に公民権法が制定され、アファーマティブ・アクションが推奨されるようになりました。

PLAY&TRY

1. 英国では、政党内閣制の発達期に、1853年のノースコート・トレヴェリアン報告の勧告を受けて、政権交代時には政権の意図を明確に反映するために、政党色を人事に反映することが有効であるとして、内閣による民主的統制を重視する新しい公務員制度が確立された。
【国家一般職H28】

1. ×
ノースコート・トレヴェリアン報告により、資格任用制を導入することが示された。

2. アメリカでは、ノースコート・トレヴェリアン報告を受け、猟官制の廃止、公開競争試験の採用、試験と採用を監督する中央機関の設立、成績に基づく昇進などの制度が導入された。
【特別区H28】

2. ×
ノースコート・トレヴェリアン報告は、1853年にイギリスでなされたもので、情実任用制から資格任用制を導入することなどが盛り込まれていた。

3. 米国のジェファーソン大統領は、有権者の意思を政策に反映するためには人事にもそれを反映することが真の民主主義であると考え、就任後政府高官を大規模に更迭し、自らの政治信条に沿った人々を新たに登用した。
【国家一般職H28】

3. ○
そのとおり。
ジェファーソン大統領の時代から猟官制が始まった。

4. アメリカでは、ジャクソン大統領が、1883年にペンドルトン法を成立させ、官僚機構への民主的統制手段として、選挙に勝利し政権を握った政党が、公職の任免を支配する猟官制が導入された。
【特別区H28】

4. ×
ペンドルトン法は、猟官制を排除して資格任用制を導入するために作られた法律である。

5. 明治憲法下においては、国の事務に携わる者は官吏とそれ以外の非官吏とに区別されており、官吏は天皇の任官大権に基づいて天皇の官吏として任命され、特別の義務を課せられると同時に厚い身分保障や恩給の支給などの特権を与えられていた。これに対し、親任官、勅任官、奏任官などの非官吏は、天皇の任官大権に基づいて任命されるが、官吏と同様の特権は与えられていなかった。

【国家一般職 H26】

5. ×
親任官、勅任官、奏任官は官吏である。また、非官吏は任官大権に基づいて任命されていたわけではない。

6. 大日本帝国憲法下の行政職員には、官吏・雇・傭人の種別があったが、その任用に当たっては、公開競争試験をすべて退け、閉鎖型任用制であるスポイルズ・システムをもっぱら採用した。

【特別区 H22】

6. ×
官吏については、公開競争試験を行っていた。また、閉鎖型任用制をスポイルズ・システムとしている点も誤り。

7. 敗戦後、人事院は、全官庁の職務の分類を行い、その分類に対応する試験の実施と、これに基づく人の配置と給付の格付けがセットになった職階制を完全に実施した。

【特別区 H22】

7. ×
日本では職階制が凍結され、結局実施されなかった。

8. 敗戦後、GHQ占領下での改革により、中央人事機関として独立性と中立性の高い人事院が設置されたが、その後、占領政策の見直しで、人事院は民主的憲法に反するとの批判から、準立法権限を失った。

【特別区 H22】

8. ×
人事院は規則制定権を有するので準立法権限を失ったという記述は事実無根で誤り。

9. フーバーを団長とする合衆国対日人事行政顧問団の報告書に基づき、国家公務員法は、独立性の強い人事院の設置、事務次官の政治任用、公務員の労働基本権の保障の拡大という形で改正された。

【特別区 H25】

9. ×
事務次官の一般職化、公務員の労働基本権の制限、の誤り。

10. 我が国では、フーバーを団長とする調査団が行った勧告に基づいて、1948年に内閣の所轄の下に置かれる合議制の機関である人事院が設置されたが、その機能の一つである人事院勧告制度は、労働基本権を制約された国家公務員の代償措置として位置づけられる。

【特別区H28】

10. ○
そのとおり。
人事院勧告には拘束力はないので注意しよう。

11. 我が国では、2008年に国家公務員制度改革基本法が制定され、官職を職務の種類、複雑さ及び責任の程度に応じ、分類整理した職階制の創設などが盛り込まれ、職階制が導入された。

【特別区H28】

11. ×
職階制は日本では導入されていない。職階法は1950年に制定されたが使われなかった。

12. 職階制は、官職を職務の種類及び複雑と責任の程度に基づいて分類整理する制度であり、国家公務員については、第二次世界大戦後にこの制度が導入され、今日まで実施されている。

【特別区H25】

12. ×
職階制は実際には導入されなかった。

13. 人事院は、国会の両院の同意を得て内閣が任命する人事官をもって組織される機関であり、準立法権と準司法権をもつ。

【特別区H25】

13. ○
そのとおり。
行政委員会だからこの2つを有する。

14. 人事院は、地方公務員と国家公務員の給与水準を比較検討して、給与の改定を内閣と国会に、毎年、少なくとも1回、勧告しなければならない。

【特別区H25】

14. ×
比較検討するのは、国家公務員と民間の給与水準である(民間準拠)。

15. わが国では、採用時に公開競争試験で潜在的能力を判断し、内部研修によりスペシャリストとする、終身雇用を保障した開放型任用制が採用されている。

【特別区H25】

15. ×
わが国では閉鎖型任用制が採用されている。

5 官僚制

難易度 ★★☆
頻出度 ★★★

官僚制はウェーバーから始まり、学説が発展していきました。官僚制に対する批判が多く出てくるテーマなので、勉強していて楽しいはずです。確実に1点取りに行きましょう！

1 M.ウェーバーの「近代官僚制」

官僚制は、18世紀後半にフランスで生まれた言葉です。当初は官吏たちの政治全般を指し示す言葉だったそうです。軍隊を思い浮かべる人も多いでしょうが、軍隊も官僚制の一種だと考えていいと思います。しかし、ドイツの社会学者**M.ウェーバー**が登場したことにより、官僚制論は大きく発展し、変化を遂げました。ウェーバーは、ヨーロッパ社会に根付いた官僚制を最初に本格的に研究した人物です。官僚制を定義する際にも、単に組織の形（ピラミッド型）だけに着目するのではなく、人材の任用方式をも重視しました。そして、古代エジプトやローマ、中世ヨーロッパの絶対王政などで見られた家産官僚制と近代官僚制を区別したのです。彼は、**近代官僚制**を、官吏たちが自由意思に基づく契約によって任命されている官僚制だと言います。いわば身分から解放された自由な身分の官吏で構成されているのが近代官僚制だ、というわけです。この点は従来の**家産官僚制**とは大きく異なります。

M.ウェーバー

古代や中世封建制の時代の官僚制。身分制によって支えられていたので、自由な意思で官吏になるというわけではなかった。それゆえ能率は近代官僚制に劣ると言われるんだ。

ウェーバーは近代官僚制を**近代合理主義**が具現化されたもので、形式的には**純粋技術的に「卓越性」を有している**と評価しました。支配の三類型のうち、近代官僚制は「**合法的支配**」の典型であり、形式的合理性が確保されている、としたのは政治学でのお話。覚えていますか？ そして、近代官僚制の卓越性は、予測可能性と、非人格性（公平無私な中立性）に現れます。あたかも近代官僚制を精密機械のような感じで考えていたのかもしれません。もっとも、ひとたび形成されると「永続性」があるがゆえに解体するのが困難である、という指摘もしています。例えば、戦争に負けても政府の官僚制だけは生き残る、などと言われることがあります。そのくらい崩れにくいというが官僚制なのです。

なお、官僚制は、**大きな組織であればどこでも成立する**ので、何も**行政機関に限った話ではありません**。この点には注意しましょう。次にウェーバーが指摘した近代官僚制の原則を列挙してみます。卓越性の構成要素となる原則です。ただ、受験生としては全て覚える必要はなく、なんとなく言っている意味が分かればいいと思います。なぜなら、選択肢に書いてあることについて正誤判断ができればよく、完璧に覚えても意味がないからです。

民主主義の拡大深化が官僚制を育てる側面もあるんだ。

近代官僚制の原則

① **規則による規律の原則**
業務は明確な規則（つまり法律）に従ってなされるという原則です。法律による行政的な意味合いがあります。また、職員は法律以外の規則（行政規則や内規などの内部規定）にも拘束されます。

② **明確な権限の原則**
業務が規則によって定められた明確な権限の範囲内で行われるという原則です。越権をして権限外の行為をしてはいけません。

③ **階統制の原則**
組織がヒエラルキーになっていて、指揮命令系統の一元化が確保されているという原則です。よって、組織編制は原則として独任制となります。

④ **文書主義の原則**
処分・決定を文書で行い、それを記録・保存するという原則です。

⑤ **公私分離の原則**
職務が私生活から分離され、かつ組織の所有物と職員の私物を分離するという原則です。

⑥ **官職占有(専有)排除の原則**
官職の世襲や売官は許されないという原則です。

⑦ **専業制の原則(専任制の原則)**
フルタイムで雇用され、その反面、副業は原則禁止とする原則です。

⑧ **資格任用制の原則**
公開競争試験で資格を得た者が職に就くという原則です。つまり、猟官制や縁故採用は禁止ということです。

⑨ **任命制の原則**
採用は上司の任命によらなければならないという原則です。

⑩ **契約制の原則**
職員の採用は自由意思に基づいた契約によるという原則です。

⑪ **貨幣定額俸給制の原則**
定額の貨幣で俸給が支給されるという原則です(現物支給はダメ)。

⑫ **規律ある昇任制の原則**
在籍年数や業務成績を考慮して昇任が認められるという原則です。

2 官僚制に対する批判

1 R.マートン

逆機能というのは、簡単に言うと「欠点」とか「マイナスな側面」という意味です。ウェーバーは官僚制の技術的な面における卓越性を強調したわけですが、その特徴はすべて欠点になりうるんじゃないか！ とケチをつけたのがアメリカの社会学者**R.マートン**です。いつの時代もこういう人はいるものですね……。とりあえず、マートン＝官僚制批判の人でウェーバーを嫌う人、と覚えておきましょう。具体的な批判は挙げているとキリがないので簡単に示すにとどめますが、職員は職務において、パターン化され訓練された状況と異なる事態が起きたときに、それに適切に対応できないと指摘しました。この現象を「**訓練された無能力**」などと呼びました。職員は実務を通じて必要な行動原則を身に付け

官僚制は逆機能が多すぎる。目的の転移はイカン！

R.マートン

るので、そのことに対する事務処理には長けている。でもそれ以外のことには対応できないんじゃないの？ という批判ですね。これは状況に応じた柔軟な対応ができないのが行政職員だ、と言っているに等しく、ちょっと納得いきませんね……。公務員にはそんな無能な人はいないと思いますけどね（笑）。

また、規則による規律の原則により、**法規万能主義**に陥り、法規を守ることだけが目的になってしまう危険性がある、とも指摘しています。これは公平性を保つとか、公共の利益を増進するといったことが本来の目的であるはずなのに、いつの間にか法規を守るという手段が目的にすり替えられてしまうのではないか、という指摘です。この手段の目的化現象を「**目的の転移（転位）**」と呼びました。

2 K.マルクス

K.マルクスは、官僚制をエリートたちが作り出した支配の道具（手段）に過ぎないとして、独占資本と一体をなすものだと批判しました。すなわち、官僚制はエリートたちの存在を正当化する点で民主主義の敵であって、革命によって廃棄されるべき癌（がん）だ、としたのです。

3 M.クロジェ

フランス人のM.クロジェは、『官僚制現象（官僚制的現象）』を著し、官僚制は自らの誤りを容易に正すことができないシステムで、フィードバックも困難なシステムであるとしました。これは何となくわかりますね。変な方向へと一度向かってしまうと、それを戻すことができなくなるということです。そして、その悪循環の表れ方は国の政治文化によって異なると主張しました。例えば、**アメリカ**では、みんなが平等に意思決定に参加するべきだと考える文化なので、新しい提案を決める際には、参加する多くの他人を説得しなければなりません。それゆえ**社会や組織が保守的になり誤りを正すための変革すら起こりにくくなるといいます**。また、**フランス**では、孤立を好む国民性ゆえに、問題解決の際に話し合うことを避け、**ルールに過剰に依存しがちとなるようです**。ただ、いずれにしても共通しているのは、官僚制は自らの判断を後になって覆すことが難しい仕組みなんだということ、だからこそ「**自らの誤りを容易に正すことのできないシステム**」なのだということを覚えておきましょう。

4 その他

ほかにも、官僚制を特権的な官吏集団が政治の実権を独占し、一般市民の自由を奪っていくものだと批判したH.ラスキ、官僚制の発達が中央集権的化を招き、イギリスの立憲主義や議院内閣制にとって有害だとした**W.バジョット**などがいます。

3 官僚制に関する学説

1 P.セルズニックの「下位目的の内面化」

P.セルズニックは、官僚制の逆機能の原因は、分業による職務の熟練と専門化にあると指摘しました。なかなか皮肉な議論ですね……。彼によると、分業が組織内での利害の分散化を生み、組織全体の目的よりも自分たちの所属する下位組織の目的を重視するようになると言います（下位目的の内面化）。そして、それぞれの利害が対立し、組織内のコンフリクト（衝突）が生じると指摘しました。官僚制における熟練と専門化は、一見よさそうですが、官僚の視野を狭くし、自分の所属する下位組織への愛着を強めてしまいます。その結果、組織全体の目的に反する価値を発展させてしまうというプロセスをたどります。

全体の方針に背く専門化された集団はやっかいだ……。

P.セルズニック

2 L.ピーターの「ピーターの法則」

L.ピーターは、階統制の原則をとる官僚制のピラミッド型組織の下では、職員がトントン拍子で昇進していく結果、往々にしていつのまにか自己の能力を超えた地位にまで上り詰めていることが多いと指摘しました。これを「ピーターの法則」と言います。こういう現象は実際の社会でも多く見られますよね。「え？ なんであんな人が部長なの？ 」みたいな感じです。

僕の方が優秀なのに、なぜあいつが出世するんだ！ ということはよくあるよね。

L.ピーター

3 P.ピーターソンの「福祉の磁石」

P.ピーターソンは、手厚い福祉政策を実施している地方政府（地方自治体）に人々

セルズニックは、アメリカの社会学者で、マートンの影響を受けて、TVA（テネシー渓谷開発公社）の事例研究を行ったんだ。

が吸い寄せられて集まってくる状況を「**福祉の磁石**」と呼びました。ちょうど磁石に砂鉄が吸い寄せられていくように、福祉政策という果実を目当てに人が集まってくるというイメージです。しかし、このように集まってくる人々は大抵が低所得者であり、高所得者は税金や保険料の負担が重くなるのを嫌って去っていくため、地方政府の財政は悪化してしまいます。ですから、福祉政策は地方政府に任せるのではなくて、**財政規模の大きい連邦政府（国）が統一的に行っていくのがベスト**だとしました。

4 A.グールドナーの「懲罰的官僚制と代表的官僚制」

A.グールドナーは、『産業における官僚制』を著し、いわゆる規則の逆機能を指摘しました。これはある石膏会社事業所の事例研究を通じて発見した逆機能です。具体的には、事業所の所長が**細かな監督をするために規則を強化してみたのですが**、さしたる業績の改善は起こらず、むしろ労働者のモチベーションや業績が低下し、職場の雰囲気も悪くなってしまいました。つまり、**組織能率が低下**したわけです。このことから、所長が上から**細かく監督**することは、労働者のモチベーションを下げ、生産効率を低下させることにつながるということを指摘しました。簡単に言うと、組織の管理化＝非効率という公式が成り立つわけです。この事例研究を踏まえて、彼は官僚制を、上から一方的に規則を制定し規律を強要する「**懲罰的官僚制**」と、当事者間の相互了解に基づいて規則の運用や活動の規律を行っていく「**代表的官僚制**」とに**類型化**しました。そして、懲罰的官僚制よりも、代表的官僚制の方が生産性は高くなるとして、**代表的官僚制を導入するべきだ**と主張しました。

細かく監督すると部下たちはやる気をなくしてしまうんだな〜。

A. グールドナー

P41の代表的官僚制とは関係ないから注意しよう。

ほかに「模擬的官僚制」というものにも触れているね。

5 C.パーキンソンの「パーキンソンの法則」

イギリスの**C.パーキンソン**は、一度官僚制が出来上がってしまうと行政機関の職員数は**業務量に関係なく一定比率で増加していく**と指摘しました。「業務量に関係なく」という点がポイントです。理由は、各部署が権力の維持・拡大を図るために、

村松岐夫は超有名な政治学者だよ。「岐夫」という字のように、読みが難しい人物は「ミッチー」と呼んだりして覚えるのもありかな。いや、失礼かな……。

絶えず人員を増やしていこうとするからだとしています。そして、このように官僚制には組織を無駄に膨張させてしまう傾向があるため、**非効率**だと批判しました。

C.パーキンソン

6 村松岐夫の「政治的官僚」

村松岐夫は、1970年代における日本の官僚を2つのタイプに分類しました。1つが、知識や実務的な能力の観点から政治家を圧倒していくタイプの「古典的官僚」です。これはガツガツタイプの官僚ですね。もう1つが政治の動向を見極めつつ、自分たちの立ち振る舞いを考える調整型の「**政治的官僚**」です。こちらはバランサータイプの官僚といったところでしょうか。そのうえで、日本では社会構造が多様化する中で、**政治的官僚への比重が高まっている**としました。

7 辻清明の「官僚制の民主化不徹底の指摘」

辻清明は、1950年前後の日本の官僚制を研究し、『日本官僚制の研究』を著しました。そして、第二次世界大戦後の日本の官僚制は、民主化が徹底されておらず、戦前のそれと**変わりがない**と指摘しました。つまり、**近代官僚制に移行できていない**という指摘をしたのです。

8 真渕勝の「官僚制の変遷論」

真渕勝は、日本の官僚は、1960年代以前の「**国士型官僚**」(官僚こそが国家の運命を担っているのだという強い使命感を持つ熱血タイプ)から、1970年代以降の「**調整型官僚**」(政党や圧力団体など多様なアクターの調整こそが官僚の仕事と考える家産官僚制的なプライドを持ったタイプ)、1980年代以降の「**吏員型官僚**」(責任はなるべくとらずに政治が決めたことさえやっていればいいやと考えるタイプ)へと変遷したと指摘しました。

真渕勝の『行政学』というテキストは600ページを超えるのだけど超わかりやすい！
行政学を本格的に勉強したい人にはオススメだよ。

4　M.リプスキーの「ストリート・レベルの行政職員」

アメリカの学者**M.リプスキー**は、現場で対象者と直に接して職務を行う職員を「**ストリート・レベルの行政職員**」と呼びました。第一線職員と言っても構いません。例えば、**交番勤務の警察官**や**ケースワーカー**（社会福祉の専門官）、市役所の窓口職員や公立学校の教員、清掃職員などがこれにあたります。このストリート・レベルの行政職員は、現場で働いている人たちなので、上司からの直接の指揮監督を受けないことが多く、勤務評定は**業務記録に依存**する側面があります（業務記録になじみやすいということ）。ただそうすると、上司の目が届きにくいので、ある意味統制が困難になります。

ちなみに、最近の行政改革の流れの中で運営より組織などの主体に行政の仕事を委ねることも多くなってきた。このように行政組織と同様の役割を果たすようになる人々を「**新しいストリート・レベルの行政職員**」と呼んだ。

そして、ストリート・レベルの行政職員は次の２つの大きな裁量を持つと言います。

ストリート・レベルの行政職員の２つの裁量

① **法適用の裁量**
法を適用する際の裁量で、これは**内勤職員も持っています**。ただ、ストリート・レベルの行政職員は、この裁量の余地が広いことが指摘されています。

② **エネルギー振り分けの裁量**
限られた時間とエネルギーをどの職務に多く割くかという点を自分で判断し、決定できる裁量です。これは**ストリート・レベルの行政職員特有の裁量**と呼ばれています。ただ、それゆえ**エネルギー振り分けのジレンマに直面することもあります**。例えば、交番勤務の警察官であれば、限られた時間の中で、交番で市民対応をするか、パトロールに出かけるかを迷うようなケースがこれにあたります。

PLAY&TRY

1. 軍隊組織は、官僚制にはない特徴を持つ組織であり、厳格な身分制と明確な階級制、上位から下位への連絡が一元化された命令系統、意思決定の集権性、外部との関わり合いが抑制される閉鎖性などを特徴とする。
【国家一般職H28】

1. ×
軍隊組織は、官僚制と類似した組織である。

2. M.ウェーバーは、近代官僚制と家産官僚制を区別し、近代官僚制においては君主と官吏が主従関係にあり官吏の身分が拘束されているのに対して、家産官僚制においては自由な身分の官吏が契約によって任命されていることを特徴として対比した。
【国家一般職H28】

2. ×
近代官僚制と家産官僚制の特徴に関する記述が逆である。

3. M.ウェーバーは、家産官僚制と近代官僚制とを区別し、近代官僚制は合法的支配の最も純粋な型であると位置づけ、近代官僚制の主な構成要件として、規則による規律の原則、契約制の原則、貨幣定額俸給制の原則を挙げた。
【特別区H29】

3. ○
そのとおり。
ウェーバーの挙げた原則は全部覚える必要はない。判断できればOK。

4. R.マートンは、官僚制組織の成員が訓練や実務を通じて組織にとって必要な行動原則を身に付けた時には、状況によって柔軟に行動原則に沿った行動が表出されるとして、官僚制の逆機能的側面を強調した。
【国家一般職H28】

4. ×
状況によって柔軟に行動原理に沿った行動がとれなくなると指摘した。

5. M.クロジェは、「社会理論と社会構造」を著し、もともと規則は、一定の目的を達成するための手段として制定されるものであるが、規則それ自体の遵守が自己目的化する現象を目的の転移と呼んだ。
【特別区H29】

5. ×
本肢はマートンに関する説明である。

6. P.セルズニックは、官僚制による分業が組織内での利害の分岐を生み、官僚制全体の目的よりも下位組織の目的を重視し内面化することで、それぞれの利害が対立し、組織内のコンフリクトが生じると指摘した。

【国家一般職H28】

6. ○
そのとおり。
専門化が下位組織への忠誠を生む。

7. P.M.ブラウは、TVAの事例研究により、官僚制における熟練と専門化が、官僚の視野を狭くし、自分の所属する集団への愛着を強め、組織全体の目的に反する価値を発展させるプロセスがあるとして、官僚制の逆機能を指摘した。

【特別区H29】

7. ×
本肢はセルズニックに関する説明である。

8. P.セルズニックは、「官僚制現象」を著し、フランスの官僚現象を分析し、官僚制とは、自らの誤りを容易に正すことのできないシステムであり、フィードバックの困難なシステムであるとした。

【特別区H29】

8. ×
本肢はクロジェに関する説明である。

9. A.グールドナーは、ある石膏事業所の官僚制化という事例研究を通して、代表的官僚制とは、一方的な上からの強制によって制定された規則に基づく官僚制の形態であるとした。

【特別区H29】

9. ×
本肢は懲罰的官僚制に関する説明である。

10. 真渕勝は、我が国の官僚像について、1960年代以前の家産官僚制の性格を残す吏員型官僚、1970年代以降の自由民主党政権の長期化と利益団体の活動の活発化による国士型官僚、1980年代以降の政治と社会からの圧力による調整型官僚の登場を指摘した。

【国家一般職H28】

10. ×
1960年代以前を国士型官僚、1970年代以降を調整型官僚、1980年代以降を吏員型官僚と指摘した。

11. ストリート・レベルの行政職員は、法適用に当たっての裁量とエネルギー振り分けについての裁量を持っているが、エネルギー振り分けの裁量が、ストリート・レベルの行政職員に特徴的なものである。
【特別区H24】

11. ○
そのとおり。
２つの裁量はとても大切。

12. ストリート・レベルの行政職員に対する勤務評定を業務記録により行うと、高く評価される職務にのみ精を出すことになってしまうので、ストリート・レベルの行政職員に対しては、業務記録による勤務評定は行われない。
【特別区H24】

12. ×
むしろ業務記録による勤務評定が行われている。

13. M.リプスキーは、ソーシャル・ワーカーや教師など、日々のサービスの対象者に直接接し職務を遂行する現場担当職員を、ストリートレベルの官僚と呼び、現場の職員であるがゆえに、職務上の裁量の余地が広く、対象者に対する権力が大きいことが特徴であるとした。
【国家一般職H28改題】

13. ○
そのとおり。
裁量の広さが特徴である。

14. M.リプスキーは、外勤警察官の主な職務には、住民から持ち込まれた事案に対応する活動と、街の中で地域を巡回しながら行う活動があるが、異なる性質の業務を担当していることによる「エネルギー振り分けのジレンマ」を解消するには、巡回活動に専念する定型化が望ましいとした。
【国家一般職H28改題】

14. ×
どちらかに専念するべきであるとはしておらず、上司に判断を求めることが大切であるとしている。

15. M.リプスキーは、行政の仕事のうち、特に政策の実施や執行に関しては、行政改革の潮流の中で非営利組織などの主体に委ねられるようになり、行政組織と同様の役割を果たすようになる人々を「新しいストリートレベルの官僚」と呼んだ。
【国家一般職H28改題】

15. ○
そのとおり。
民間委託がはやっている現在、このような人々は多い。

日本の行政組織（総論）

難易度 ★★☆
頻出度 ★★★

この章では、基本的な原理を学びます。特に行政委員会と審議会はよく出題されるので、しっかり覚えましょう。難しい問題はあまり多くないので、点数につながりやすいです。

1 稟議制

稟議制とは、行政組織の末端の者によって起案された稟議書を順次上位者に回覧し、承認を求め、最終的に決裁者による決裁に至る方式です。意思決定の文書を作るときに行うもので、**日本独自の事務処理手続**です。簡単に言うと、回覧板のようにして意思決定を行うことだと思っておきましょう。これは何も行政の世界だけではなく、**民間でも行われています**。ただ、実際は**全ての意思決定が稟議制によってなされているわけではありません**。重要事項等の決定の中には稟議制になじまないものあるからです。

試験的に出題されるのは、稟議制のメリットとデメリットです。ただ、これは特に意識しなくてもわかるレベルだと思いますので、さらっと読み流していただければ結構です。

では、メリットからいきましょう。まず、**ボトムアップ的**な意思決定なので、下位者との意思疎通、すなわち協力確保が可能となるという点を挙げることができます。これが下位者のやる気（モラール）向上につながるわけです。次に、意思決定までの過程で意見調整ができます。これは後から異議が出にくいということにつながります。また、組織内部の上下関係を再確認する意義があると言われることもありますね。

次に、デメリットについてです。まずはとにもかくにも意思決定までに時間がかかる点が挙げられます。ある意味、非効率ですよね。それに責任の所在が不明確になりがちであるとされます。どこの過程で誤りが入ったのかわからん……なんてこともしばしば。また、ボトムアップゆえリーダーシップを発揮しにくいという点も指摘されます。それに所属組織の結束を高める反面、セクショナリズムを助長しやすいなどとも言われます。

最後に、稟議制の一般モデルを示しておきます。特徴をざっと見ておきましょう。

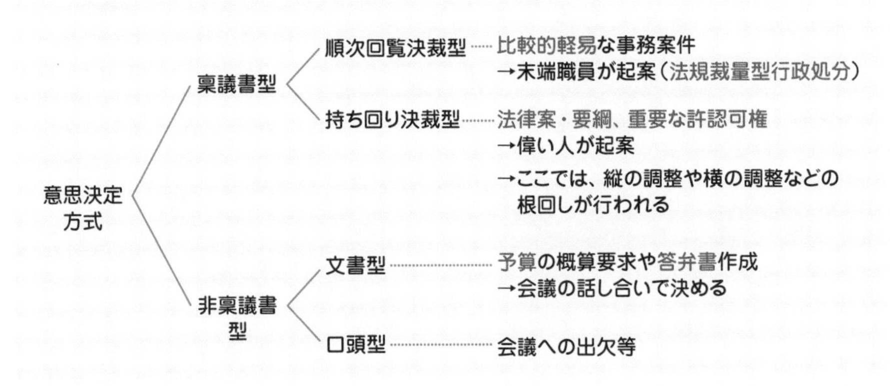

2 独任制と合議制

では、次に組織の組み方として、独任制と合議制の違いを解説していきます。これは行政法でも行政組織のところで出てきたかな？ と思いますので、行政学だけに限った知識ではないのですが、もう一度確認しておきます。

独任制とは、**単独の長**を頂点としたヒエラルキー的な組織のことで、要はピラミッド型の形となります。行政機関は指揮命令系統の一元化が望ましいということで、**原則として独任制**となっています。単独の長としては、各省大臣や庁の長官などが典型です。独任制のメリットは、行政の一貫性を確保できる点、責任の所在が明確になる点、迅速な意思決定が可能な点などです。一方、多元的な意見を反映しにくい点や専断的判断に陥る可能性がある点、中立的な価値を求められる行政分野には不向きな点などが挙げられますね。

合議制とは、**対等な複数の者**の合議によって成り立っている組織のことです。行政機関の中にも例外的にこの合議制となっているものがあります。**内閣や行政委員**

起案文書（稟議書）に印鑑を押していくのだけど、たまにナナメに押す人がいるんだ。そういう人は賛成していない証拠だと言われているよ。あくまでもうわさね。

会、**審議会**などがその典型です。合議制を敷くのはそれなりのメリットがあるからですね。これは独任制の逆と覚えておけば足りるのですが、一応指摘しておくと、メリットは多元的な意見を反映でき、これによりみんなが納得できる結論に至りやすくなるという点、公正さや中立的な価値を求められる行政分野になじむ点、慎重に意思決定をすることができる点などが挙げられます。一方、デメリットとしては、行政の一貫性を保ちにくい点や、責任の所在が不明確となりがちである点、意思決定までに時間がかかる点、それに伴い経費もかさんでしまう点などが挙げられます。

3　ラインとスタッフ

次に、独任制を前提に、その独任制の組織をどのように分けていくのかについて説明します。通常の行政組織であれば、ラインとスタッフに分けられていることが多いので、試験でもこれらの知識が問われることがほとんどです。

まず、**ライン**は組織の目標を達成するために**実際の業務を担当している部門**です。これだけだと意味不明ですね。要するに、命令系統一元化の下、日常的な業務を担当している部署だと思っておけばOKでしょう。例えば、局、部、課、係（室）などのようなものをイメージできればいいのではないでしょうか。上位者は下位者に対して執行権、命令権を持ちます。そして組織に与えられている課題について**直接的な責任**を負います。何かミスが発生した場合には、まず先にラインの長（上級管理者）が責任を負うということですね。

一方、**スタッフ**はラインの偉い人を補佐する部門です。プロイセンの軍の参謀本部が起源で、上位者の補佐をするようなイメージを持っておけばいいでしょう。劉備玄徳を支える諸葛亮、豊臣秀吉を支える黒田如水のような存在（いずれも軍師）です。もちろん職責は上位者に対する勧告・助言です。組織に与えられている課題を解決するために直接取り組むことはなく、**間接的**な取組みをすることが多いです。軍師が直接兵を率いて戦うことはないということです。ただ、最近では、スタッフの種類が２つあるのではないか、ということが指摘されています。すなわち次の２つです。

スタッフに配属される人は優秀な人が多いと言われるよ。出世を期待されているということだね。

スタッフの種類

① **参謀的スタッフ(ゼネラル・スタッフ、助言スタッフ)**
専門的知識を背景にラインのトップを補佐する人物です。いわゆる軍師タイプのブレーン。例えば、内閣総理大臣補佐官(最大5人まで設置可)などがこれにあたります。

② **補助的スタッフ(サービス・スタッフ)**
組織の中で人事や予算を担当する人物です。補助的スタッフは「アドバイスする人物」ではなく、むしろ各部門に共通の職務を担当しているので、ひっかけに注意。この補助的スタッフのことを俗に「官房系統組織」といいます。

日本では、稟議制を採用してきた歴史があるため、ラインの下位者が上位者に対してスタッフ的な役割を果たしてきたとも言われていて、もともと**ラインとスタッフが分化されてきませんでした**。稟議制がラインとスタッフの未分化を招いたという指摘があるほどです。また、日本のスタッフは補助的スタッフが幅を利かせていると言われることもあります。強い人事権や予算編成権を背景に、ラインが行う命令権を行使することがあるというわけですね。人や金を握る部署は特殊で強い、というイメージはこういうところからくるのかもしれません。

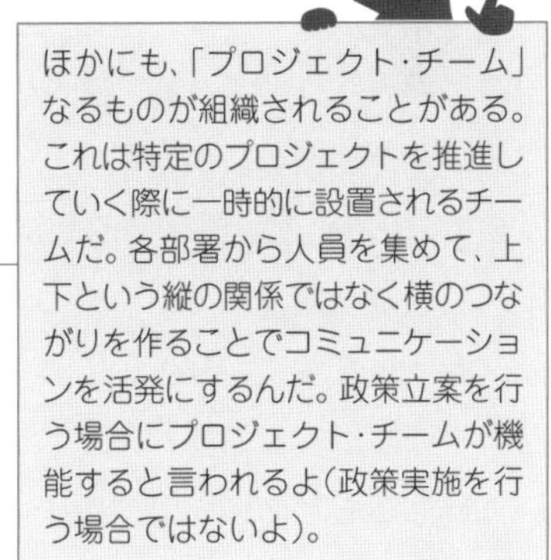

ラインとスタッフ

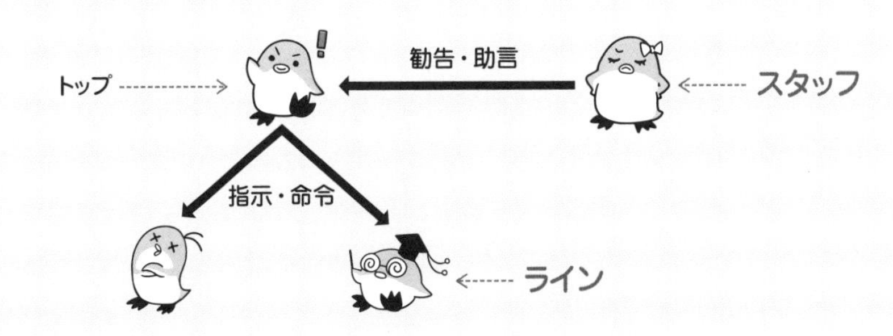

4　行政委員会と審議会

1 行政委員会

「3条機関」は省・委員会・庁のことで、このうち委員会と庁を「外局」と呼ぶよ。

行政委員会（以下、「委員会」とする）とは、行政機関から一定の独立性を有する**合議制**の機関のことを指します。各省の委員会は、**国家行政組織法3条に設置根拠があるため**、「3条機関」などと呼ばれることもあります（**内閣府の委員会は内閣府設置法49条、64条に設置根拠がある**）。委員会は一定の行政権を行使するため、独自の事務局を持っています。設置目的は様々ありますが、①**政治的中立性を確保する**、②**複雑な利害対立を慎重に図る**、③**専門技術的な知識を導入**して意思決定を行えるようにする、などといった点が挙げられます。ちなみに、この委員会が日本に導入されたのは第二次世界大戦後です。**アメリカの独立規制委員会（1887年設置の州際通商委員会が最初）**をモデルとして導入されたと言われています。

委員会の中には、国家行政組織法上置かれているもの、国家公安委員会のように内閣府設置法上置かれているものがありますが、人事院（国家公務員法）や会計検査院（会計検査院法）などのように、どこかの外局ではないものもあります。ただ、会計検査院は立ち位置が微妙で、委員会に含めない立場もあるため、試験には出しにくいと思います。これら2つは**特に独立性が高い**と言われていますね。なお、地方自治体にも地方自治法上、委員会が置かれていますので注意が必要です。特に、地方の場合には、**監査委員など独任制の委員会もあります。**

会計検査院は、憲法上の位置づけがあるけど、人事院は憲法上の位置づけがないんだ。だからこの2つを比べた場合、会計検査院の方が独立性が高いよ。

委員会の権限としては、**規則を制定する準立法権と審判や裁決を行う準司法権を有する点を覚えておきましょう。**規則を制定することで紛争を事前に防止でき、準司法権を持つことで紛争を事後的に解決することもできるわけです。

構成メンバーは、国会の承認を得て、内閣総理大臣が任命します。ただ、他の委員会とは異なり、**国家公安委員会の委員長には、国務大臣が当てられます。俗に「大臣委員会」などと呼ばれていますね。つまり、国家公安委員会の独立性は高くない……ということです。**そして、独立して職務を全うすることができるように身分

日本の委員会はアメリカの委員会とは異なり、行政処分や行政審決に積極的ではないと言われるね。それらは本省がやればいい！ と考えているのかもね。

保障が厚くなっているのが通常です。例えば、任期が長めに設定されていたり、**罷免事由が限定されていたりするケースが多い**ですね。もちろん、健康上の問題や職務上の義務違反を理由として罷免されてしまうことはありますが、例えば他の人と考えが異なる、意見が合わないなどを理由に罷免されることはありません。

2 審議会

審議会とは、**国家行政組織法８条（または内閣府設置法37条、54条）**に設置根拠のある**合議制**の**諮問機関**をいいます。委員会とは異なり、外局ではありません。イメージとしては有識者会議のようなもの思い浮かべてもらえばいいと思います。ですから、原則として独自の事務局を持っていませんし、**行政権も行使しません**。では、何のために設置されているのでしょうか。それは、社会の有識者や諸団体の意見を聞くことで**多様な民意を反映**させ、なおかつ**専門的・技術的な知識**を行政の場面に導入する点にあると言われます。名称はバラバラで、例えば審議会、協議会、調査会、審査会、委員会、会議などいう形になっていることが多いですね。それゆえ、名前は「委員会」となっていても、国家行政組織法８条や内閣府設置法37条、54条に基づき設置されている場合は、講学上は審議会となるわけです。例えば、金融庁に置かれている証券取引等監視委員会は、内閣府設置法54条に根拠を持つ審議会です。

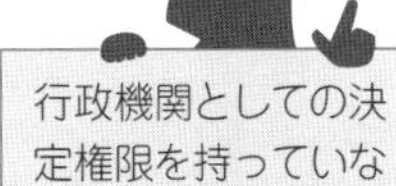

審議会の権限は、委員会とは全く異なります。すなわち**準立法権限や準司法権限がありません**。行政権を直接行使するわけではないので、このような権限は与えられていません。また、純粋な**諮問機関**としての審議会には、その答申に**法的拘束力がない**という点はいいでしょうか？ この点は行政法でも勉強しましたね。ただ、実際は審議会において同意を得られなかった施策は採用されないのが普通です。つまり、実際はその答申内容は尊重されます。一方、**参与機関**としての審議会には、その答申に**法的拘束力があります**。ただその数は非常に少なく、総務省の電波監理審議会や法務省の検察官適格審査会などがあるだけです。なお、審議会の議事録や資料は**原則として公開**されています。

メンバーは、学識経験者や各界の代表などによって構成されていて、一部の重要な審議会の委員については国会の承認を得て内閣総理大臣が任命する形をとります。

審議会のメンバーには学者の先生が入っていることがあるよ。みんなの大学の教授はいるかな？

それ以外は審議会が置かれる**行政機関の長が任命**する形となっている場合が多いですね。

また、審議会の答申は行政の職員が書いていることがあって、そうなるとその答申は単なる行政の権威づけか確認の手段にすぎなくなってしまいます。要は審議会が行政に利用されているだけの存在になってしまうのです。そのことから審議会は以前から「**官僚制（行政）の隠れみの**」にすぎないと批判され続けてきました。そこで、1999年の閣議決定で、当時あった**211の審議会等が90に整理統合することになりました**。そして、2001年の中央省庁再編時において整理統合されました。

5　大部屋主義

日本の行政組織は、国も地方もともに、**課や係の単位で所掌事務が定められていて、個々の職員単位に所掌事務が定められていません。つまり概括列挙的なのです。**それゆえ個々人の責任の範囲が不明確になりがちです。そこで責任の取り方は**課員や係員が連帯して責任を負う**わけですね。このような体制を「**大部屋主義**」と言います。

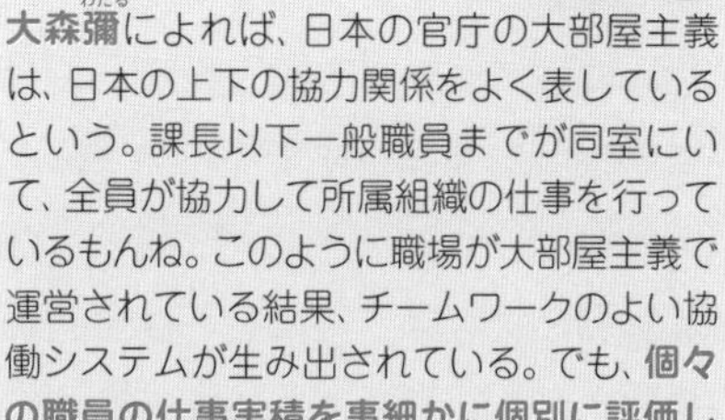

大森彌（わたる）によれば、日本の官庁の大部屋主義は、日本の上下の協力関係をよく表しているという。課長以下一般職員までが同室にいて、全員が協力して所属組織の仕事を行っているもんね。このように職場が大部屋主義で運営されている結果、チームワークのよい協働システムが生み出されている。でも、**個々の職員の仕事実積を事細かに個別に評価しにくい**という指摘もあるよ。仕事ができるか否かではなくて、周りと仲良くできたかなどが人事評価の基準となってしまうんだ。

一般の行政機関は政策実施に従事しつつも、政策立案を行います。これは政策課題が複雑で、外部的な環境の変化に柔軟かつ迅速に対応する必要があるからです。しかし、**この行政機関の両面性（二面性）は、M.ウェーバーが指摘した官僚制の階統制の原則を弱めることになりますね。**

6　「シーリング方式」と「スクラップ・アンド・ビルド方式」

シーリングとは、「天井」という意味です。日本では**1961年**に、各省庁から財務省に提出される概算要求総額に初めてシーリングを設けました。これにより、総予

以前、大森彌が都庁で講演したのだけど参加できなくて怒っている職員がいた。都庁職員にとっても有名な先生で、尊敬されているよ。

算を一定額に抑えようとしたわけです。また、予算だけではなく組織の数に最高限度枠を設けることもシーリングと言えます。日本では、組織の新設をしようとする場合に、同レベルの組織を統廃合する「**スクラップ・アンド・ビルド**」方式がとられてきました。具体的には、**1968年**に**1省庁1局削減**を受けて制度化されました。定員については**1969年**に**国家公務員総定員法**が施行され、国家公務員の総定員の上限が定められました（地方公務員ではないので注意）。この法律は必要に応じて改正されています。ほかにも、**サンセット（時限）方式**と呼ばれるものがあります。これは、組織の増設について存続期限（時限）を定め、その期限が到来したら特別の必要性がない限り廃止する方式です。時限ごとに厳格な審査をして、特別の必要があれば存続しますが、そうでない限り廃止されます。

7 「横割り」と「縦割り」

「中央省庁は縦割りだからダメなんだ！」などという批判をよく聞きますが、そもそも縦割りや横割りとはどんなことを意味するのでしょうか？

まず、**縦割り**とは、**業務の目的の同質性**に基づく分業を意味します。これにより編成される組織を「縦割り組織」といいます。国の行政組織は業務の目的に応じて12に分けられているわけですね。なぜ縦割りにするのかというと、仕事が相互に被らないようにするためです。ただ、この縦割り組織では、権限争い、すなわち**セクショナリズムが起こります**。例えば、保育園と幼稚園では、所管している官庁が異なります。保育園は厚生労働省の管轄（児童福祉施設）で幼稚園は文部科学省の管轄（学校）ですね。そうすると、両者の間でセクショナリズムが起こるというのです。「これは私たちの権限だ」などといった形です。下手をすると「これはうちではなく、あんたの所の仕事だろ」などといった形で責任の擦り付け合いとなる可能性もあります。このようなセクショナリズムが起こった場合、その調整はフォーマル組織のラインの上位者によって行われるのが通常です。しかし、組織が大きくなるとそのラインの上位者の調整機能にも限界が出てきます。そこで、スタッフ（官房系統組織）や横割り組織（次段落で後述）による調整もなされます。さらに、これらを抜きにして、

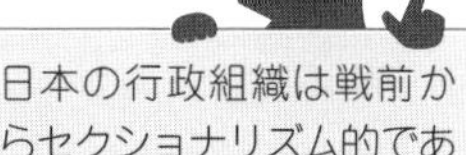

日本の行政組織は戦前からセクショナリズム的であると言われ続けているよ。

同レベルの部局間での協議によって解決が図られたり、インフォーマルな人的関係（省閥や族議員、職場の仲間）を頼りに調整が図られたりすることも多くありました。このように、調整の方法は多元的であるのが通常なので、選択肢で「〇〇だけによって調整される」とあれば即、×肢ということになります。

一方、**横割り**とは、**作業方法の同質性**に基づく分業を意味します。これにより編成される組織を「横割り組織」と言います。各省庁内にある総務部（人事課、財務課、文書課など）のように、どの省庁にも横断的に存在するためこのように呼ばれます。日本はしばしば、**横割り組織の整備レベルが高い**と指摘されていて、この横割り組織が調整機能を担うこともあります。ただ、横割り組織が幅を利かせてくると、階統制における命令系統一元化が弱められるという指摘もあります。

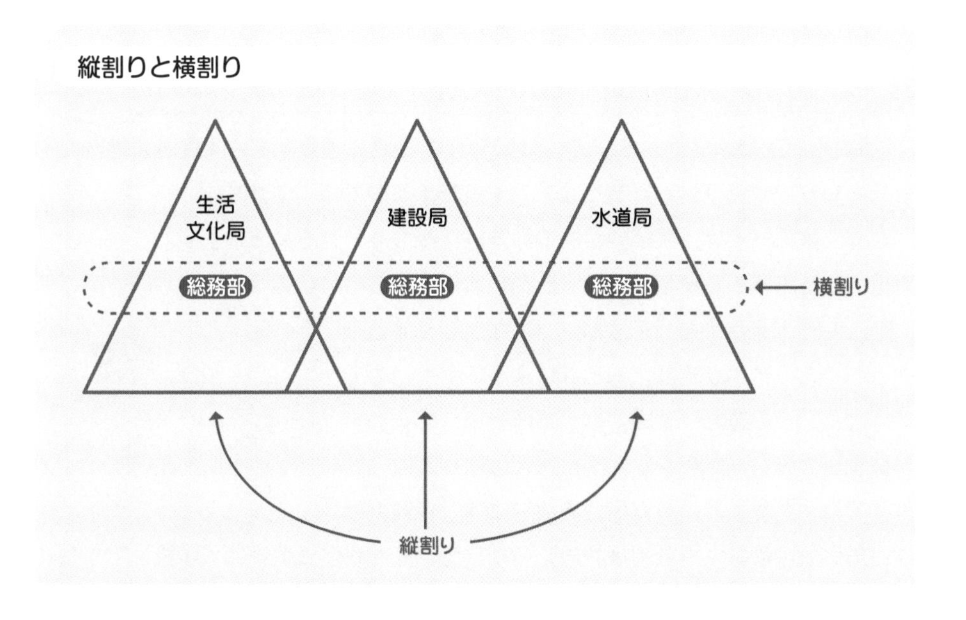

8 内閣運営の三原則

一般に、内閣は「首相指導の原則」「合議制の原則」「分担管理の原則」という、一見相互に矛盾する可能性のある三原則の均衡関係の下に運営されています。次の表を見てください。

「縦割り」と「横割り」の図は都庁のものだよ。

内閣運営の三原則

首相指導の原則	首相が内閣の首長として国務大臣の任免権(閣議不要)を行使するなどリーダーシップを発揮するという原則。2001年の中央省庁再編時に首相権限の強化の一環として閣議における首相の発議権が明記された。
合議制の原則	内閣の決定は閣議によるという原則(全会一致の慣行)。ちなみに、内閣総理大臣のみならず、**各大臣も案件のいかんを問わず、閣議での発議が認められている。**
分担管理の原則(所轄の原則)	各省の所掌事務は主任の大臣が分担管理するという原則。

上記３つのうち、最初の**首相指導の原則は他の２つの原則によって制約されてしまう関係にある**ことが分かるでしょうか？ つまり、合議制の原則と分担管理の原則があるせいで、首相のリーダーシップが阻害されるということです。ただ、実際は中央省庁再編時以降、首相指導の原理が強化されてきましたけどね。ですから、完全な矛盾とまでは言えないと思います。

PLAY&TRY

1. 稟議制は、行政組織の末端の者によって起案された稟議書を順次上位者に回覧し、承認を求め、最終的に決裁者に至る方式であり、辻清明は、その効用を、議案の決定過程に関係する全ての組織成員が参加できるため、決定後に関係者からの異議が生じるのを未然に防ぐことにあるとした。
【国家一般職H30】

1. ○
そのとおり。
特徴を押さえることが大切。

2. 井上誠一は、日本の中央省庁で使用されている意思決定方式について整理し、稟議書型と非稟議書型に区別し、稟議書型はさらに順次回覧決裁型と持ち回り決裁型に分けられるとした。
【特別区H28改題】

2. ○
そのとおり。
稟議制の図で覚えよう。

3. 順次回覧決裁型の具体例としては、法規裁量型行政処分の決定があり、持ち回り決裁型の具体例としては、法令案・要綱の決定や予算の概算要求の決定がある。
【特別区H28改題】

3. ×
予算の概算要求は非稟議書型のうち文書型に該当する。

4. ラインとスタッフという用語は、アメリカにおける軍隊組織の役割分担に起因する。
【特別区R 1 改題】

4. ×
プロイセンにおける軍隊組織の誤り。

5. ラインとは、組織が果たすべき課題を、上位の職位と下位の職位が単一の命令系統によってこなしていく形態を指し、指揮命令系統の一元化の原理に基づくものである。
【特別区R1改題】

5. ○
そのとおり。
スタッフとの区別をしっかりと覚えよう。

6. スタッフは、組織に与えられている課題に間接的な、財政や人事などラインを補佐する機能を行う。スタッフには、各部門に共通の職務を担当するサービス・スタッフや、トップ・マネジメントを補佐するプロジェクト・チーム等がある。
【特別区R1改題】

6. ×
プロジェクト・チームではなく、ゼネラル・スタッフの誤り。

7. 審議会は、重要事項に関する調査審議、不服審査その他学識経験を有する者等の合議により処理することが適当な事務をつかさどらせるために設置される合議制の機関である。
【特別区R1】

7. ○
そのとおり。
合議制という点では委員会と同じ。

8. 審議会は、行政委員会と同様に、行政機関としての決定権限を有しており、諮問機関としての審議会の答申には、行政機関の意思決定を拘束する法的な効力がある。
【特別区R1】

8. ×
審議会は行政機関としての決定権限を有していない。また、諮問機関としての審議会の答申は、行政機関の意思決定を拘束しない。

9. 審議会は、内閣府又は省の外局として設置されるものであるが、行政機関からの独立性を確保するため、その委員は、国会の承認を得て内閣が任命しなければならない。
【特別区R1】

9. ×
審議会は外局とは異なる。また、委員は通常は国会の承認を得る必要がない。

10. 審議会は、政策決定における民主的手続と専門性を確保するために設置されているが、行政機関が既に決定した方針を確認しているだけで形骸化しており、審議会は行政の隠れみのになっているという批判がある。
【特別区R1】

10. ○
そのとおり。
この批判はよく出題されているので注意しよう。

11. 審議会は、国会の本会議や委員会の審議に対する専門知識の提供や政策に関わる利害の調整を目的として、国会法に基づいて設置され、有識者等で構成される合議制の諮問機関であり、国会の補助機関として国会の審議や議決を支援している。

【国家一般職H30】

11. ×
審議会は国家行政組織法や内閣府設置法に基づいて設置される。国会の審議や議決を支援するために意見を聴取するのは公聴会で、これは国会法で置かれている。

12. 各省庁の内部機構の新増設に対しては、スクラップ・アンド・ビルドの原則が適用されている。すなわち、各省庁の内部機構に関しては、時限を定め、その時限ごとに更新の必要の有無を厳格に審査することとしている。

【国家一般職H28】

12. ×
本肢は、スクラップ・ビルドに関する説明ではなく、サンセット方式に関する説明である。

13. 内閣は一般に、相互に矛盾する可能性がある「合議制の原則」「分担管理の原則」「首相指導の原則」という３つの原理の下に運営されているが、我が国ではこれまで首相指導の原則を強化する方向で制度改革を進めてきた。例えば、閣議における首相の発議権を明確にした点、首相に国務大臣の罷免権を付与した点、閣議は全会一致ではなく多数決によることを内閣法に明記した点がこれに該当する。

【国家一般職H24改題】

13. ×
首相の国務大臣の罷免権は憲法68条2項に明記されている。また、閣議は「慣習上」全会一致とされている。

日本の行政組織（各論）

難易度 ★★★
頻出度 ★★★

この章は、中央省庁再編に関する理解を深めることが大切です。あまり出題されていないのですが、国家一般職を受験する人は、ある程度押さえておく必要があります。

1 中央省庁再編

1 1府12省庁制

日本は、1999年に中央省庁等改革関連法を作って、2001年から現在の１府12省庁制になりました。その前は１府22省庁制だったので、超シャープになりました。１府12省庁は次の通りです。

1府12省庁

✓ **1府**　内閣府

✓ **12省庁**　総務省、法務省、外務省、財務省、文部科学省、厚生労働省、農林水産省、経済産業省、国土交通省、環境省、防衛省（2007年に防衛庁から昇格）、**国家公安員委員会**

【省庁再編（１府22省庁制→１府12省庁制）】

① **総理府＋経済企画庁＋沖縄開発庁など⇒内閣府**
② **郵政省＋自治省＋総務庁⇒総務省**
③ 法務省⇒法務省
④ 外務省⇒外務省
⑤ 大蔵省⇒財務省
⑥ 文部省＋科学技術庁⇒文部科学省
⑦ 厚生省＋労働省⇒厚生労働省

⑧ 農林水産省⇒農林水産省

⑨ 通商産業省⇒経済産業省

⑩ **運輸省＋建設省＋北海道開発庁＋国土庁⇒国土交通省**

⑪ **環境庁⇒環境省**

⑫ **防衛庁⇒防衛庁（その後2007年に防衛省）**

⑬ **国家公安委員会⇒国家公安委員会（内閣府）**

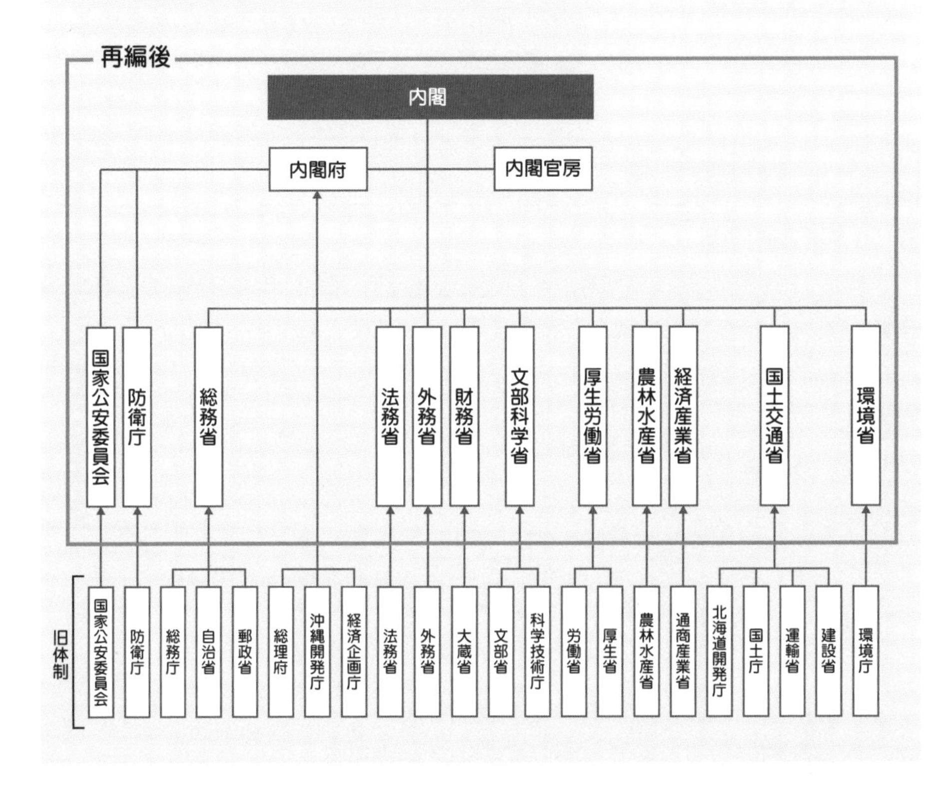

この中で、国家公安委員会は省並みの組織なので、委員長には**国務大臣が置かれます**。したがって、省庁ではないのですが、上の図に入っています。また、閣議における**首相の発言権を強化**したり、省庁よりも上位に立つ**内閣府を新設**したりした点が中央省庁再編のポイントです。これらは内閣とその補佐機能を強化したことを意味しています。

2 内閣官房

内閣官房は、内閣の補助機関であるとともに、内閣の首長である内閣総理大臣を直接に補佐・支援する機関です。具体的には、内閣の庶務、内閣の重要政策の**企画立案・総合調整**、情報の収集調査などを担っています。キーワードで大切なのは、**「企画立案」「総合調整」**です。位置づけ的には一番上という感じですね。すべての組織の上に立っているようなイメージです。定例記者会見でおなじみの内閣官房長官をトップに、３人の内閣官房副長官が置かれていますね。**内閣危機管理監**は、テロや災害など危機管理を担当している人で、1995年の阪神・淡路大震災、地下鉄サリン事件の時に、危機管理体制の甘さを指摘されて置いたものです（橋本内閣が1998年に設置）。また、内閣総理大臣を補佐するために、**５人以内の内閣総理大臣補佐官**が置かれている点は、試験でよく出題されています。この内閣総理大臣補佐官とは、いわゆる「首相補佐官」のことで、首相のブレーンとして専門的なアドバイスをする**参謀的スタッフ**です。2001年の中央省庁再編の時に**３人以内から５人以内に定員が増やされました**（内閣法22条1項）。ただ、５人設置するかどうかは**基本的に任意**です。これまでの補佐官を見ると、官僚やそのOB、国会議員など様々な人がなっていますね。

ただ、補佐官の中から、国家安全保障に関する重要政策を担当する者（国家安全保障担当）は指定しなければならない。

内閣官房組織図

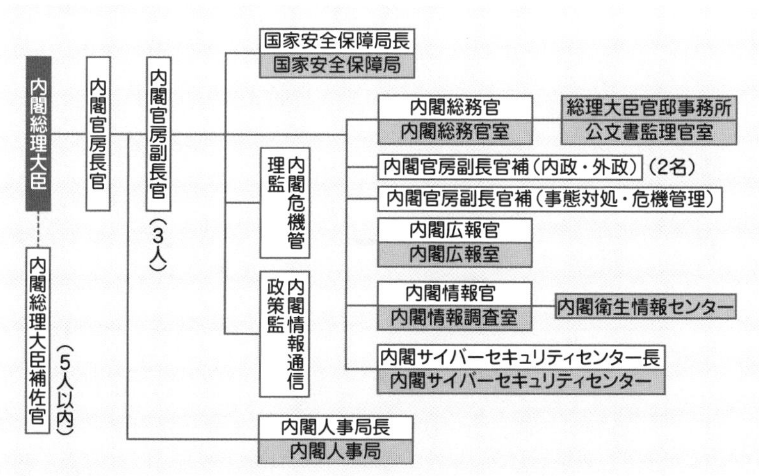

3 内閣府

内閣府は、他の省庁と異なり、国家行政組織法の適用を受けずに、内閣の重要政策に関する**企画立案や総合調整機能**を行う機関です。根拠法は、**内閣府設置法**です。内閣府の長は首相なので、他の省庁より一段格上の機関と言われています。**省庁横断的な重要政策を企画し、調整する**イメージを持っておくといいかもしれません。内閣府には５つの**重要政策に関する会議**が置かれています。①**経済財政諮問会議**（議長は首相だが、これを補佐する経済財政担当大臣などが有名）、②総合科学技術・イノベーション会議、③国家戦略特別区域諮問会議、④中央防災会議、⑤**男女共同参画会議**の５つです。また、**特命担当大臣**が置かれている点も有名です。特命担当大臣は、内閣の重要政策に関する企画立案・総合調整等を強力かつ迅速に行うために、内閣府に限って置かれています。金融や経済財政政策、沖縄及び北方対策、消費者及び食品安全、少子化対策、地方創生など、たくさんの分野で特命担当大臣が置かれています。

重要政策に関する会議には学識経験者なんかも含まれていて、「知恵の場」としての機能を十分に果たせるように工夫されているんだ。

4 副大臣と大臣政務官

大臣、副大臣、**大臣政務官**の３人は「**政務三役**」と言われ、いわゆる「政治家」のポストです。ご存じの通り、大臣は民間人が任命される場合もありますが、副大臣と大臣政務官は慣行で国会議員が任命されます（政治的任用）。皆さんが目指している国家公務員が、出世に出世を重ねて就ける最高職は**事務次官**です。これは事務方のトップですね。ちなみに、副大臣と大臣政務官は2001年以降で新しく設けられたポストで、それ以前は国会議員である政務次官という人が事務方のトップの事務次官とともに、大臣を支えていました。これを廃止して副大臣と大臣政務官を置いたわけです。

2 行政機関の組織構成

まず、府・省・委員会・庁には、**内部部局**が置かれます。これを「**内局**」と言います。内閣府と省には「官房」「局」が、庁には「官房」「部」が、官房・局・部に

Teramoto's Trivia
大臣政務官は、これから期待されている若手議員のポストでもあるよ。

は「課」「室」が置かれています。ただ、ここまでの細かい知識は一切不要で、内局というのが、内部に置かれる部局である点を押さえてください。そして、内局の設置・所掌事務の範囲は**政令**で定められることになっています。これは試験で頻出です。**1984年に国家行政組織法が改正**され、省・委員会・庁の設置、改廃は**法律事項**、官房・局・部の設置・所掌事務の範囲は**政令事項**とされました。ですから、**「すべて政令事項に改められた」という肢には注意しましょう**。あくまでも箱物の設置・改廃は法律事項に保留されているわけです。

また、次ページのように、**府・省の下には庁・委員会というような外局が置かれます**。これは会社で言えば支店や子会社のようなものです。「外局」である庁・委員会の中に「内局」があるイメージがわきますか？ これは当たり前のことを言っているのですが、たまに頭の中がごちゃごちゃになってしまっている人を見かけるので一応、確認です。なお、外局を持たない省は、外務省だけです。

1 庁

庁は、府・省の一部ではあるのですが、**他の内局と切り離して別の組織にしている**ので、一定の独立性を有します。イメージとしては支店ですかね。「府・省が企画立案を担い、庁が実施する」とよく言われますが、「必ずしもそうではないよ」という現場の声も聞きますので、イメージだけ持てればOKです。例えば、財務省が各種税金の増税を決めるわけですが、その徴収は国税庁が行うわけです。こんな風に一応、役割分担がなされています。ですから、庁は主に現業的な事務を処理すると思っておけばいいと思います。庁の長官に国務大臣が任命されている例はなく、行政の職員や有識者など様々なバックボーンを有する人が任命されています。

ちなみに、法律上「特別の機関」として府・省に置かれる庁もあるよ。これは外局ではない。準外局的な組織と言われていて、例えば、宮内庁や**検察庁**、警察庁などがこれに当たるよ。

2 委員会

委員会は、6章で勉強した**行政委員会**のことです。政治的中立性や公平性、専門技術性が要求される行政事務を処理するために府・省から分離して設けた組織です。それゆえ高度な独立性が保障されているのが通例です。イメージとしては子会社ですね。ただ、以前も述べましたが、**国家公安委員会の委員長は国務大臣が任命される**ので、他の委員会と比べると、独立性が低いと言われます。

国家行政組織法上の省の委員会及び庁

省	委員会	庁
総務省	公害等調整委員会	消防庁
法務省	公安審査委員会	公安調査庁 出入国在留管理庁
外務省		
財務省		国税庁
文部科学省		スポーツ庁 文化庁
厚生労働省	中央労働委員会	
農林水産省		林野庁
		水産庁
経済産業省		資源エネルギー庁
		特許庁
		中小企業庁
国土交通省	運輸安全委員会	観光庁
		気象庁
		海上保安庁
環境省	原子力規制委員会	
防衛省		防衛装備庁

内閣府設置法64条における内閣府に置かれる委員会及び庁

公正取引委員会	私的独占の禁止及び公正取引の確保に関する法律
国家公安委員会	警察法
個人情報保護委員会	個人情報の保護に関する法律
カジノ管理委員会	特定複合観光施設区域整備法
金融庁	金融庁設置法
消費者庁	消費者庁及び消費者委員会設置法

Teramoto's Trivia

ここ最近、委員会や庁はどんどん増えている。スクラップ・アンド・ビルドができていないような……。

3 独立行政法人制度

国の行政機関ではないのですが、外局を勉強したので、ここで一緒に独立行政法人制度についても触れておきます。独立行政法人制度とは、各府省の行政活動から政策の実施部門のうち一定の事務・事業を分離し、これを担当する機関に**独立の法人格を与える制度**です。業務の質的向上や活性化、効率性の向上、自律的な運営、透明性の向上を図ることを目的としています。根拠法は、1999年に成立した**独立行政法人通則法**です。独立行政法人には「行政執行法人」「国立研究開発法人」「中期目標管理法人」の3種類があります。このうち、**国家公務員の身分を有するのは、「行政執行法人」だけ**です。ただ、**労働協約締結権を有する**点で、一般職の国家公務員とは異なります。

イギリスのエージェンシー制度をモデルとして導入したんだ。エージェンシー化とは、企画立案部門と実施部門を分離し、実施部門に自由に運営させて、事後的にそれを評価する仕組みだよ。

イギリスのエージェンシー職員は国家公務員だよ。

最後に、試験でよく出題されている独立行政法人通則法2条を紹介します。穴埋めにされてもある程度対応できるようにしておきましょう。

独立行政法人通則法（平成11年法律103号）（抄）

第2条

この法律において「独立行政法人」とは、国民生活及び社会経済の安定等の公共上の見地から**確実に実施されることが必要な事務及び事業**であって、**国が自ら主体となって直接に実施する必要のないもの**のうち、**民間の主体に委ねた場合には必ずしも実施されないおそれがあるもの又は一の主体に独占して行わせることが必要であるもの**（以下この条において「公共上の事務等」という。）を効果的かつ効率的に行わせるため、中期目標管理法人、国立研究開発法人又は行政執行法人として、この法律及び個別法の定めるところにより設立される法人をいう。

独立行政法人の数は減少傾向にあるよ。

PLAY&TRY

1. 国の行政機関には、庁が外局として設置されることがある。庁の長は、国務大臣の中から任命される。また、大臣が、外局内の職員の任命権を持つ。庁は、省と同様に、自ら省令等の命令を出すことができる。

【国家一般職H28】

1. ×
庁の長は、国務大臣の中から任命されるのではない。また、職員の任命は庁の長が行う。庁は命令等を定める権限を有しない(ただ、海上保安庁は庁令を出せる)。

2. 内部部局の局や部の新設改廃は、以前は、内閣が定める政令事項とされていたが、現在は、国会が定める法律事項とされている。これは、行政組織の在り方を国会ができるだけ細かく規定できるようにすることで、行政に対する民主的チェック機能を強めることを目的としている。

【国家一般職H28】

2. ×
内部部局の局や部の新設改廃は、以前は、法律事項とされていたが、現在は、政令事項とされている。

3. 中央省庁等改革基本法に基づく改革では、内閣の補佐機能を強化するために、総理府が廃止され、内閣府が新設された。内閣府には、特命担当大臣・副大臣・大臣政務官が配され、経済財政諮問会議等の合議制機関が置かれている。

【国家一般職H28】

3. ○
そのとおり。
内閣府の重要会議は大切である。

4. 内閣官房及び内閣府は、内閣機能強化の観点からその充実が図られてきたが、様々な業務が集中してきたことから、橋本龍太郎内閣の下、組織及び仕組みの効率化・見直しを行うことが決定された。これを受け、内閣府が担ってきた自殺対策や食育推進等の業務が、各省庁に移管された。

【国家一般職H28】

4. ×
橋本龍太郎内閣の後に内閣府は設置された。また、自殺対策や食育推進等が各省庁に移管されたのは、2016年4月からである。

5. 金融庁は、財務省の外局である。

【特別区H26改題】

5. ×
内閣府の外局である。

6. 気象庁は、農林水産省の外局である。

【特別区H26改題】

6. ×
国土交通省の外局である。

7. 文化庁は、文部科学省の外局である。

【特別区H26改題】

7. ○
そのとおり。
ほかにもスポーツ庁がある。

8. 防衛施設庁は、防衛省の外局である。

【特別区H26改題】

8. ×
防衛装備庁の誤り。なお、防衛施設庁は2007年に防衛庁が防衛省に昇格した時に統合された(つまり廃止された)。

9. 海上保安庁は、国土交通省の外局である。

【特別区H26改題】

9. ○
そのとおり。
ほかにも運輸安全委員会、観光庁、気象庁がある。

10. 公害等調整委員会は、総務省の外局である。

【特別区H30改題】

10. ○
そのとおり。

11. 公正取引委員会は、厚生労働省の外局である。

【特別区H30改題】

11. ×
内閣府の外局である。厚生労働省の外局は、中央労働委員会である。

12. 環境省には外局がない。

【特別区H30改題】

12. ×
原子力規制委員会がある。

13. 国の機関が独立行政法人に移行した際には、所属する職員の身分は全て公務員から非公務員に切り替えられた。

【国家一般職H26改題】

13. ×
国家公務員の身分を有する者もいた。

14. 国民生活等の安定等のため確実に実施されることが必要な事務・事業のうち、国が直接に実施する必要のないものを効率的に行わせることを目的として、独立行政法人が設立されており、所属する職員は全て国家公務員の身分を持ちつつ、法人としての会計を独立させることにより、効率化を図る仕組みがとられている。

【国家一般職H27】

14. ×
所属する職員が国家公務員の身分を有するのは一部だけである（行政執行法人のみ）。

8 行政改革

難易度 ★★★

頻出度 ★★★

行政改革は歴史だと思ったほうがいいです。日本がどのように改革を進めてきたのかという点が一番大切ですので、落ち着いて理解するようにしましょう。

1 イギリスの行政改革

日本の行政改革を見る前に、まずはイギリスの行政改革についてざっと見ておく必要があります。というのも、日本の行政改革のモデルがイギリスだからです。イギリスで行われたことは時を経て日本でも行われた、と覚えておくといいかもしれませんね。

1 M.サッチャー

M.サッチャーは、イギリスの保守党党首で史上初の女性の首相となった人物です。「鉄の女」などと評されることもしばしば。イギリスでは1980年代にこのサッチャーが、官から民へという流れを意識した**新自由主義的な行政改革**を行いました。1980年代は、アメリカではレーガン大統領の「レーガノミクス」が行われていたので、それと並んで「サッチャリズム」などと呼ばれました。サッチャーは、民間の経営手法を行政の場に取り入れていこうとします。このような発想を総称して「**新公共管理**」といいます。**NPM**（New Public Management）などと略すのが普通ですね。試験でもNPMと表記されることが多いので、ぜひ覚えておきましょう。民営化やアウトソーシングを促進して、従来の古臭い中央政府の組織管理の在り方を刷新

M.サッチャー

市場の失敗を是正するもので、明確な定義はなかったと言われているよ。

サッチャーは弁護士資格を持っていたよ！ 53歳で首相になった。

しようとしました。階統制構造のヒエラルキーでは実現できなかった柔軟な組織管理の在り方を模索したのです。例えば、官民競争入札のように、民間と行政で、ある事業について競い合わせることで、今までよりも行政が一生懸命になるだろう、と（笑）。負けたら仕事を奪われてしまうわけですからね……。このような仕掛けを作ることにより、国民目線に立った効率的で利便性の高いサービスが生まれるのではないか、と考えたわけです。

なお、NPMでは活動の最終的な「成果」、これを「アウトカム」と言いますが、この**アウトカムが重視される**ことになります。「どのような成果がもたらされたのか」を問うという発想は、とても大切なことですね。多額の税金を投入し、公共事業を行ったとしても、それによってもたらされた果実が小さすぎると、国民は不満を持つようになるからです。その成果を検証するシステムや、算定・評価するための客観的指標の存在が大切になるというわけです。

NPM＝成果主義という頭で考えて構わないよ。

2 J.メージャー

J.メージャーは、サッチャーの次に首相となった保守党の党首で、1990年代に活躍した人です。でっかい眼鏡が印象的な人ですね（笑）。この人は、1990年11月に政権の座につき、サッチャーの方向性を参考にしてネクストステップ・イニシアチブを推進しました。行政の活動を企画立案と実施とに分け、企画立案部門は行政に残し、実施部門を切り離すことによって、職務を効率化しようとする試みです。つまり、**エージェンシーを本格的に導入**したのです。エージェンシーとは、実施部門のことを指すので注意しましょう。そしてこの実施部門を切り離すことによって、**行政活動に広汎な裁量を与えます**。このエージェンシーの改革の波は、オーストラリアやニュージーランド、アメリカにも波及し、ついには日本でも2001年から「独立行政法人」として導入され、全省庁に政策評価が義務付けられました。

人事の在り方や実施方法の選定について広い裁量が認められたんだ。でも一方では、目標を達成できないと事後的に沙汰がおりる。つまり成果主義的な運営となる。

また、メージャーは、1992年11月にPFIを導入しました。**PFI**というのはPrivate Finance Initiativeの略称

日本では、「民間資金等の活用による公共施設等の整備等の促進に関する法律」（**PFI法**）が1999年7月に制定されたよ。

メージャーという名前なのにあまり知られていないので、逆に覚えやすいかもしれないね。

で、公共施設等の**建設**、**維持管理**、**運営等**を民間の資金、経営能力及び技術的能力を活用して行う新しい手法です。民間の資金、経営能力、技術的能力を活用することにより、国や地方公共団体等が直接実施するよりも効率的かつ効果的に公共サービスを提供できると言います。ただ、当初イギリスでは政府の思惑とは裏腹に、PFIはあまり活用されなかったようです。

3 T.ブレア

T.ブレア首相は、労働党のイケメン党首です。1997年5月に政権を発足させました。「あっ、労働党ということは保守党の政策と違う路線をとったのかな？」と思った方は勘が鋭いですね。実際、**NPM路線はそのまま堅持**したのですが、労働党の福祉主義、あるいは社会民主主義にサッチャーの新自由主義を部分的に取り入れたので、今までの労働党政権とは趣が異なりました。そこで、ブレア政権の路線は「**第三の道**」と呼ばれています。彼が提唱したのは**PPP**（Public Private Partnership＝官民協働、官民連携）です。正直、PFIとの違いはあまりないと感じるのですが、PFIの手法を残しつつ、官と民が共同で事業を行い、責任を負うようなイメージを持っておけばいいと思います。官と民が**平等の関係**に立つ感じなので、完全に民間投げであるPFIの発展バージョンだと考えておくといいでしょう。PPPが大きな集合体で、その中にPFIが包含されているイメージですね。

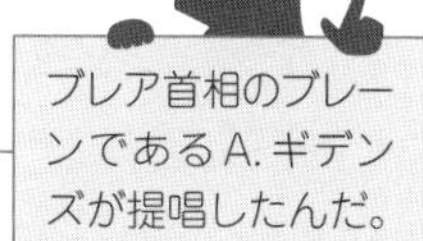

ブレア首相のブレーンであるA.ギデンズが提唱したんだ。

2 日本の行政改革

日本の行政改革は高度経済成長期から始まりました。その後はイギリスの影響をたくさん受けるようになってきたので、イギリスの行政改革を思い出しながら読んでいくと、スッと頭に知識が入ってくると思いますよ。

ブレアは首相を退いた後はカトリックに改宗したよ。趣味はサッカー観戦とテニス。

1 第一次臨時行政調査会（第一臨調）

臨時行政調査会は、行政の効率化について調査・審議するために旧総理府に置かれた審議会（諮問機関）です。第一次は**池田勇人**内閣が設置しました。時期的には1961年～1964年です。高度経済成長に伴って行政の仕事が増えたので、その無駄を排除するために置かれました。概要は次の通りです。さらっと押さえておきましょう。

法律に基づいて、アメリカのフーバー委員会を模範にして設置されたんだ。

大切なのは寛容と忍耐！所得倍増計画も有名だよ！

池田勇人

第一臨調の概要

- ✓ 内閣の機能強化、首相のリーダーシップ強化、**機関委任事務の積極的な活用**などを提唱。

- ✓ 第一臨調の答申に基づき、**1省庁1局削減**（1968年）や**総定員法（行政機関の職員の定員に関する法律）**（1969年施行）などが実現されたが、**それ以外はほとんど実施されなかった**（つまり、行政改革はうまく進まなかった）。

2 第二次臨時行政調査会（第二臨調）

第二次臨時行政調査会（第二臨調）は、1981年～1983年に、法律によって設置された諮問機関です。1970年代に経験した２度のオイルショックによる財政危機を立て直すために設置されました。なんとなく第二臨調というと、中曽根康弘内閣が頭に思い浮かびますが、設立したのはその前の鈴木善幸内閣です。第二臨調は当初から「**増税なき財政再建**」をスローガンにして「**小さな政府**」を目指しました。ですから、国民の税負担を強化する的な肢はすべて×になります。会長は当時「ミスター合理化」と呼ばれた経団連会長の**土光敏夫**（どこうとしお）です。第二臨調の概要は次の通りです。

第二臨調の概要

- ✓ 財政支出の削減（福祉レベルの引き下げ）を提唱→小さな政府
- ✓ **三公社民営化を提言→日本国有鉄道（⇒JR）、日本電信電話公社（⇒NTT）、**

中曽根康弘は「戦後政治の総決算」を掲げた昭和の大物政治家だよ。

日本専売公社（たばこ専売事業）（⇒JT）の三公社を民営化→日本版NPMの行政改革の先駆け

✓ 第二臨調の答申は実現されたものが多いが、水面下で粛々と進められたため、「諮問機関型政治だ！」と揶揄（やゆ）されたり、財界主導で労働界の存在が目立たなかったことから「**労働なきコーポラティズムだ！**」と批判されたりした。

3 臨時行政改革推進審議会（行革審）と行政改革委員会

臨時行政改革推進審議会（行革審）は、1983年～1993年の10年間で第一次～第三次まで置かれた諮問機関です。当初は第二臨調の答申の実施をフォローするために置かれた感が強いですね。規制緩和を推進するために設置された組織です。試験的に重要なのは**第三次行革審**で、ここでは**行政手続法要綱案**が発表されました。実際、その後同法は1993年に成立しました。

一方、**行政改革委員会**（1994年～1997年）は、社会党の村山富市内閣の下で置かれた諮問機関です。ここでは**情報公開法要綱案**が発表されました。ちなみに、同法は1999年に成立しています。

4 行政改革会議（橋本行革）

橋本龍太郎内閣の時に設置された行政改革会議は、通称「橋本行革」とも呼ばれます。この改革は、かなり本気度の高いものだったと思います。なぜなら、首相自らが会議の会長を務めたからです。委員に官僚を入れなかった点や、それまでの諮問機関とは異なり、政令に基づき**閣議で設置された**点も特徴的です。法律に基づいて設置されたわけではないのですね。閣議ですから、内閣主導でガンガン進めてやろうという勢いを感じます。また、橋本龍太郎首相は金融システム改革でも有名です。これは、フリー、フェア、グローバルを三原則とし、証券会社の業務の多角化、銀行・証券・保険の業態間の相互参入の促進、取引ルールの透明化等に取り組んだので、「**日本版金融ビッグバン**」と呼ばれています。なお、行政改革会議の提言は次の通りです。

橋本龍太郎

橋下龍太郎は初登院の時に継母が付き添いで来たんだ。そこで「マザコン」とひやかされた。でもこの人は、超切れ者の政治家だと思うね。

行政改革会議の概要

✓ 「1府22省庁」制から「1府12省庁」制へ再編。
→ 「**中央省庁等改革基本法**」「中央省庁再編関連法」(17法案)により**中央省庁再編が実現(2001年)**。副大臣・大臣政務官制度が導入されました(2001年〜)。

✓ 内閣機能の強化(内閣府の創設)。

✓ **独立行政法人制度の導入**。
→ 政策の実施部門を分離し、法人格を付与して独立させる制度です。自由裁量を認める代わりに第三者評価機関(独立行政法人評価制度委員会)からの政策評価を受けます。独立行政法人の職員には一部国家公務員の身分を有する者がいます(現・行政執行法人)。

✓ 公務員制度改革の推進(労働基本権の拡大、能力等級制度、天下りの規制等)。

✓ 「**PFI推進法**」(民間資金等の活用による公共施設等の整備等の促進に関する法律)を提言。
→ 後の小渕恵三内閣の時(1999年)に成立しました。

PFIの対象施設には、公共施設等(道路、鉄道、港湾、空港、河川、公園等、庁舎、宿舎等)、賃貸住宅及び公益的施設(教育文化施設、廃棄物処理施設、医療施設、社会福祉施設、駐車場等)、情報通信施設、熱供給施設、研究施設等、船舶、航空機、人工衛星等が含まれている(PFI法2条)。**小学校から刑務所まで実例は多岐にわたり、全国の地方公共団体の事業にも導入されている。**

5 小泉構造改革(聖域なき構造改革)

いわゆる小泉構造改革とは、自らをライオンとなぞらえた「ライオン内閣」こと**小泉純一郎**内閣の時に行われた大規模な構造改革です。ご存じのとおり、小泉進次郎氏のお父さんですね。

彼の政権下では、2002年に構造改革特別区域法が制定され、**構造改革特区制度**が導入されました。この特区では全国一律の規制が緩和され、本来ならできないような事業を展開できるようになります。目的は**地域経済の活性化**です。実際の例も都道府県や市町村で地域おこし的なものが多く存在します。

2013年に成立した「国家戦略特別区域法」に基づく**国家戦略特別区域制度**とは違うので注意しよう。産業の国際競争力を強化して国際的な経済活動の拠点を形成するための特区を国が指定する制度だよ。

次に、2003年の地方自治法改正による「**指定管**

小泉純一郎は、物事に対して単純明快にスパッと発言する人で、「自民党をぶっ壊す！」という発言もあったよね。僕にとって、とても響いたのを覚えている。

理者制度」の導入も試験で出題されます。指定管理者制度は、住民の福祉を増進する目的をもってその利用に供するための施設である「**公の施設**」について、民間事業者等が有するノウハウを活用することにより、住民サービスの質的な向上を図る制度です。従来は、公の施設の管理・運営は地方自治体が自分で行うか、いわゆる第三セクター（官民共同出資の会社）に委託するしかなかったのですが、指定管理者制度の導入により、**NPOや株式会社等の民間業者にも行わせることができるようになりました**（委託先の拡大というイメージ）。ただ、これは別に**義務ではない**ので、自分たちで管理・運営したければ無理に委託する必要はありません。指定管理者制度を導入する際の手続は地方自治法に定めがありますので、一読してみて下さい。

社会福祉施設や体育館や市民プール、図書館、博物館、公営住宅などを言うよ。

地方自治法244条の2

✓ **第1項**

普通地方公共団体は、法律又はこれに基づく政令に特別の定めがあるものを除くほか、公の施設の設置及びその管理に関する事項は、**条例でこれを定めなければならない。**

✓ **第3項**

普通地方公共団体は、公の施設の設置の目的を効果的に達成するため必要があると認めるときは、**条例の定めるところにより**、法人その他の団体であつて当該普通地方公共団体が指定するもの（以下本条及び第二百四十四条の四において「**指定管理者**」という。）に、**当該公の施設の管理を行わせることができる。**

✓ **第6項**

普通地方公共団体は、指定管理者の指定をしようとするときは、**あらかじめ、当該普通地方公共団体の議会の議決を経なければならない。**

指定管理者制度には限界がないのかというと、そんなことはありません。公権力の行使にかかる事務を管理名目で委託することはできないとされています。例えば、使用料の強制徴収、過料の賦課徴収などです。

また、2006年に成立した「**市場化テスト法**」（競争の導入による公共サービスの改革に関する法律）によって、**官民競争入札**（**市場化テスト**）を実施できるようになりました。これは、公共サービスについて、官民が対等な立場で入札に参加し、よりよい条件を提示した方が、そのサービスの提供権を獲得できるという仕組みです。入札の監理は第三者的な立場から「官民競争入札等監理委員会」が行うことになっています。

モデルはイギリスだね。これは官を排除するわけではないので注意しよう。官と民が対等の立場で入札をして、落札したほうが仕事を取るというシステムだ。すでに国民年金保険料徴収事業やハローワーク関連事業などが民間委託されたよ。

その他、小泉構造改革によって実現した取組みについては、社会科学などでも問われるので、次にまとめておきます。

その他の小泉構造改革

✓ 国立大学法人法(2003年)により、国立大学は「**国立大学法人**」となった(2004年４月～)。ただ、学校法人法に基づく私立大学と同じになったわけではないので注意。

✓ 2003年に郵政三事業(郵便、郵便貯金、簡易生命保険)を実施する郵政事業庁は、日本郵政公社に鞍替えした。ただこれでは不十分だったので、2005年に郵政公社の完全民営化を内容とする「**郵政民営化法**」を国会に提出。しかし郵政民営化法は、先に衆議院で審議を行い可決されたが、参議院で否決された。そこで解散総選挙に打って出た(郵政解散)。結果、総選挙に大勝利して**郵政民営化法を成立させた**。

✓ **三位一体改革**により、国と地方との間の財政問題にメスを入れた。**国庫補助負担金**の廃止・縮減、**地方交付税交付金の減額**、**国税から地方税への税源移譲**を同時に行った。

国庫負担金と国庫補助金があるよ。国庫負担金は、法令にもとづいて国に支出を義務付けているもの、国庫補助金は、特定事業を推し進めるためのものだ。

✓ **公益法人制度改革関連３法**(2006年)の成立により、登記をすれば設立できる一般社団・財団法人の制度が出来上がった(許可主義から準則主義へ)。一般社団・財団法人のうち、行政庁(内閣府又は都道府県)からの公益認定を受けることで、公益社団・財団法人として活動できるようになる。

PLAY&TRY

1. PFIは、民間の資金、技術的能力を活用して、国や地方公共団体が直接実施するよりも効率的かつ効果的に公共施設が建設される場合に限って適用される。

【特別区H23】

1. ×
建設だけに着目するものではない。

2. PFIは、民間の資金、経営能力及び技術的能力を活用して、公共施設の建設、維持管理、運営を行う方式であり、我が国のPFI事業は、学校等の文教施設では実施されているが、刑務所等の行刑施設では実施されていない。

【特別区H29】

2. ×
刑務所等の行政施設でも実施されている。

3. 公共施設の建設、維持管理、運営に、民間の資金、経営能力及び技術的能力を活用することにより、同一水準のサービスをより安く、又は、同一価格でより上質のサービスを提供する手法をPFIという。

【特別区H26】

3. ○
そのとおり。
建設から維持管理、運営まで民間が行う。

4. 我が国の独立行政法人制度は、イギリスのエージェンシー制度と同一であり、中央省庁の組織の中で、政策の企画立案部門と実施部門を切り離し、企画立案機能のみを分離された機関に移譲する制度である。

【特別区H29】

4. ×
実施部門を分離された機関に移譲する制度である。

5. NPMは、行政サービスに価値があるか否かについて、政策の成果であるアウトカムではなく、予算や人員の投入量である政策のインプットや、事業活動や予算の執行などの政策のアウトプットから判定される。

【特別区H29】

5. ×
アウトカムによる判定が重要とされている。

6. 第一次臨時行政調査会は、昭和37年に設置された行政改革に関する調査会であり、土光敏夫会長の下、財界の主導により、昭和39年に郵政民営化や特殊法人の整理・縮小を主題とする行政改革に関する意見を取りまとめた。

【国家一般職H29】

6. ×
土光敏夫は第二臨調の会長である。また、郵政民営化は小泉改革の柱であり、第一臨調の主題ではない。

7. 第二次臨時行政調査会は、昭和56年に設置され、「小さな政府」を旗印に、日本国有鉄道、日本電信電話公社、アルコール専売事業のいわゆる三公社の民営化と大幅な増税等を提言し、二度の石油危機以降の財政危機を建て直そうとした。

【国家一般職H29】

7. ×
アルコール専売事業ではなく、たばこ専売事業の誤り。また、「増税なき財政再建」をスローガンにしていたので、増税は提言していない。

8. 橋本龍太郎首相の主導により開始された金融システム改革は、フリー、フェア、グローバルを三原則とし、証券会社の業務の多角化、銀行・証券・保険の業態間の相互参入の促進、取引ルールの透明化等に取り組み、日本版金融ビッグバンと呼ばれている。

【国家一般職H29】

8. ○
そのとおり。
行政改革会議の内容はしっかりと覚えよう。

9. 独立行政法人通則法に基づく独立行政法人制度は、イギリスのエージェンシー制度をモデルとし、企画・立案と執行の分離という理念の下に創設され、職員はすべて国家公務員としての身分を失った。

【特別区H23】

9. ×
一部は国家公務員の身分を有する。

10. 行政改革会議は、平成8年に設置され、小渕恵三首相自らが会長を務め、内閣府と内閣人事局の創設、政策評価制度と情報公開制度の導入等を決定し、その成果として中央省庁等改革基本法が制定された。

【国家一般職H29】

10. ×
行政改革会議は橋本龍太郎首相が自ら会長を務めた。また、内閣人事局が創設されたのが2014年である。

11. いわゆる小泉構造改革は、小泉純一郎内閣時代の経済・行政改革の総称で、「官から民へ」「国から地方へ」をスローガンに、道路公団の民営化、独立行政法人制度の創設、組織の大括り化による省庁再編等を行った。

【国家一般職 H29】

11. ×
独立行政法人制度の創設や組織の大括り化による省庁再編等は含まれていない。これら２つは小泉内閣以前の出来事である。

12. 指定管理者制度は、地方自治法の一部改正により、管理委託制度から公の施設の管理をNPOや地域団体、さらには株式会社をはじめとする民間企業にも広く開放するものである。

【特別区 H23】

12. ○
そのとおり。
管理先を拡大した。

13. 指定管理者制度は、地方自治法の一部改正により導入された、公の施設の管理運営について、NPOや市民団体、さらには株式会社をはじめとする民間企業にも行わせることができるようにした制度である。

【特別区 H29】

13. ○
そのとおり。
管理先を拡大した。

14. 指定管理者制度とは、地方公共団体が法人その他の団体であって当該地方公共団体が指定するものに、公の施設の管理を行わせることであり、地方公共団体が指定管理者の指定をしようとするときは、あらかじめ、当該地方公共団体の議会の議決を経なければならない。

【特別区 H26】

14. ○
そのとおり。
議会の議決が必要である。

15. 民間委託は、施設の運営をはじめとして、窓口業務、清掃、印刷等の地方公共団体における様々な業務に広く導入されている。平成15(2003)年には、指定管理者制度が導入され、民間事業者やNPO法人等に対し、包括的に施設の管理や運営を代行させることが可能となった。

【国家一般職Ｒ１】

15. ○
そのとおり。
指定管理者制度の根拠法は地方自治法である点も忘れずに。

16. 民間企業の持つ経営ノウハウを公の施設の運営に取り入れることを目的として、平成15(2003)年に民間の資金と経営能力・技術力を活用し、公共施設等の設計・建設・改修・更新や維持管理・運営を行う指定管理者制度が導入された。

【国家一般職 H27】

16. ×
本肢はPFIに関する説明である。指定管理者はあくまでも公の施設の管理を民間企業等が行うものである。

17. 三位一体改革の一つとして導入されたPFIは、国の行政に関わる事業のみを対象とし、道路、空港、水道等の公共施設や、庁舎や宿舎等の公用施設の建設と維持管理について、民間事業者に委ねるものである。今後、地方公共団体の事業にPFIを導入することが課題となっている。

【国家一般職 R 1】

17. ×
PFIは、三位一体改革の一つとして導入されたものではない。また、PFIは地方公共団体の事業へ導入されている。

18. 市場化テストとは、毎年度、経済産業省が中心となって対象事業を選定し、官民競争入札等監理委員会の審議を経て実施されているものである。この市場化テストは、民間事業者が事業を落札することを前提に運営されているため、政府機関が入札に参加することはできない。

【国家一般職 R 1】

18. ×
市場化テストは、官民競争入札のことをいう。よって、もちろん民間事業者が落札するとは限らない。

19. 市場化テストは、公共サービスの提供にあたり官民が対等な立場で競争入札に参加し、価格と質の両面で最も優れた者がそのサービスの提供を担う制度であり、我が国の省庁では既に実施しているが、地方自治体では実施していない。

【特別区 H29】

19. ×
地方自治体でも実施されている。

20. 国民のため、より良質かつ低廉な公共サービスを実現するため、平成18(2006)年に「競争の導入による公共サービスの改革に関する法律」が成立し、従来行われていた官民競争入札・民間競争入札の制度は廃止されることとなった。

【国家一般職H27】

20. ×
官民競争入札が行われるようになった。

21. 市場化テストは、行政機関の仕事とされてきた業務に民間との競争入札を導入し、競争原理の中でより効率的なサービスを提供できるようにする仕組みである。

【特別区H23】

21. ○
そのとおり。
官民競争入札である。

22. 三位一体改革では、国庫補助負担金、地方税財源、地方交付税の一体的削減が行われた。しかし、社会保障や義務教育は、引き続き国の責任の下で実施することが必要であるため、国庫補助負担金の廃止・縮減の対象とはされなかった。

【国家一般職H28】

22. ×
社会保障や義務教育も国庫補助負担金の廃止・縮減の対象とされた。

23. 実情に合わなくなった国の規制について、地域を限定して改革することにより、構造改革を進め、地域を活性化させることを目的として平成14(2002)年度に創設された構造改革特区は、都道府県では申請が認められたものもあるが、市町村では今まで認定を受けた自治体はない。

【国家一般職H27】

23. ×
都道府県も市町村も認定例がある。

24. 経済社会の構造改革を重点的に推進することにより、産業の国際競争力を強化するとともに、国際的な経済活動の拠点の形成を推進する観点から、平成25(2013)年12月に「国家戦略特別区域法」が成立し、既に複数の区域が国家戦略特別区域として国の指定を受けている。

【国家一般職H27】

24. ○
そのとおり。
構造改革特区と区別しよう。

9 行政管理

難易度 ★★★
頻出度 ★★★

行政管理については、ほとんど8章で述べていますが、ここではそこからもれているものを取り上げます。アメリカの行政管理だけはしっかりと覚えておきましょう！

1 アメリカの行政管理

アメリカの行政管理は、イコール「予算管理」と考えてもらって構いません。これから説明する内容はすべて失敗例であって、**現在使われているような類のものではありません**。それを念頭に、その時々でどのような予算管理がなされてきたのかを押さえていきましょう。

1 計画事業予算制度(PPBS)

PPBS(Planning - Programing - Budgeting System)は、ケネディ大統領の時代に、彼が抜擢したマクナマラ国防長官の下、国防予算を改革する目的で国防総省に導入した予算管理方式です。ケネディ大統領暗殺後、副大統領から大統領に昇格した**L.ジョンソン**大統領が連邦政府の全省庁へ導入しました。この方式は、事前に代替案すべてに費用便益分析を行い、一定の費用で最大の効果をもたらす案を採用するというもので、予算編成過程を合理化できる点で優れていました。しかし、これらを行うためにはトップダウンの意思決定とならざるを得ない点(ある程度、社会における利害対立を無視せざ

PPBSを全省庁に導入したのはこの私。でも失敗しちゃったんだよね……。

L.ジョンソン

A.ダウンズの提唱した、比較衡量の手法だよ。有権者は政策から受け取る便益とそこでかかる費用とを比較して、最適均衡点を求めていくというもの。彼によると、政治のメカニズムは超不完全情報下で作用するので、有権者は費用の大きさばかりを意識し、費用の削減を求めるようになる。すると結果的に**小規模な予算が実現する**という。

ジョンソン大統領は、ベトナム戦争で北ベトナムへの爆撃(北爆)を行ったことで、ベトナム戦争を泥沼化させてしまったんだ。

るを得ない)、作業量が膨大になりがちである点、成果を数量化できない行政分野(福祉や教育など)にはなじまない手法である点が指摘されるようになりました。結局、ニクソン大統領によって廃止され、失敗に終わりました。

2 目標管理法(MBO)

PPBSがトップダウンの意思決定により、政治家や利益集団の不満を抑えきれなかったことから、現場の職員を中心に予算を編成していこうとしたのがMBO(Management By Objectives)です。これは**R.ニクソン**大統領が採用し、上司と部下とが協力をして目標を定めていく予算管理手法です。ですから、意思決定はボトムアップ的になります。ただ、これをやってしまうと、現場は予算をどんどん求めてくるでしょうから、結果的に大きな予算につながっていってしまうような気がしますよね。

R. ニクソン

3 ゼロ・ベース予算方式(ZBB)

ZBB(Zero - Base Budgeting)は、1970年代後半にカーター大統領が採用した予算管理方式で、前年度の実績を度外視して、再びゼロから査定し直して無駄(既定経費)を徹底的に排除していこうとするものです。ただ、既得的利益集団との調整が問題となりました。また、目標の決定や事業計画の立案、予算編成をディシジョン・パッケージという形にして同時に行う必要があったため、査定は困難を極めました。そんなこんなで結局、これも失敗に終わります。

2 イギリスの行政管理

イギリスにおいては、1972年から各省庁で「**マネジメント・レビュー方式**」と呼ばれる行政管理の手法がとられました。これは、各省庁が、**自ら行った活動を評価**し、改善につなげていく手法です。自己チェックをすることによって無駄を排除しようということです。

ZBBはもともとA.ピアーという人によって考案されたもので、民間の会社で使われていた。

3 日本の行政管理

日本は予算管理手法として**シーリング方式**を採用しています。これは各省庁から財務省に毎年提出される予算の概算要求にMax（上限）を設定することを言います。6章で一度勉強しましたね。1961年度から始まった**予算概算要求枠（いわゆる概算要求基準）**がルーツです。「はい、あんたのところは前年度比〇〇％までね」みたいな感じで示されます。

民主党政権下の2010年度予算で一時的に廃止されたんだ。でも翌年度(2011年度)の予算では復活したよ。

また、**行政事業レビュー**というものも覚えておくといいでしょう。これは、かつての民主党政権時代から始まったものなのですが、国の約5,000のすべての事業について、**Plan**（計画の立案）－**Do**（事業の実施）－**Check**（事業の効果の点検）－**Action**（改善）のサイクル（PDCAサイクル）が機能するよう、各府省が点検・見直しを行うものです。各府省において、レビューシートを作成して、**外部有識者による点検を受けるという流れになっています**。レビューシートは公開され、公開討論も行われているので、公開プロセスが用意されています。

ただ、閣議決定に基づいて行われているため、点検結果について、勧告権をもつ第三者機関による評価が**法的に義務付けられているわけではない。**

PLAY&TRY

1. PPBSは、費用対効果を分析するとともに、あらゆる政策を比較検討することに優れている手法であるため、今日のアメリカでも全面的に採用されている。

【オリジナル】

1. ×
現在は採用されていない。

2. アメリカでは、1980年代に行政管理予算局が創設されたが、これはPPBSを実施するためであったとされる。

【オリジナル】

2. ×
MBOを実施するためであった。

3. ゼロベース予算方式とは、経費や事業をゼロから査定し直すものであり、事業別に費用対効果や代替案を示したディシジョン・パッケージを作成し、優先順位をつけて予算を編成するという手法である。ジョンソン大統領が導入した。

【オリジナル】

3. ×
カーター大統領が導入した。

4. マネジメント・レビュー方式とは、アメリカで行われている行政管理の手法であり、各省庁が主体的に活動を評価し、改善していくものである。

【オリジナル】

4. ×
イギリスで行われた手法である。

5. 概算要求基準(シーリング)とは、平成21(2009)年の民主党政権の発足に伴って導入された予算編成に関するもので、各省庁が財務省に概算要求する際に要求できる上限を前年度比で示す予算基準であり、この基準を用い、経済財政諮問会議と財務省主計局が予算総額を管理する。

【国家一般職H27】

5. ×
概算要求基準(シーリング)は、1961年から始まった「予算概算要求枠」がルーツなので、民主党政権の発足に伴って導入されたものではない。

6. 行政事業レビューとは、中央府省が原則全ての事業について、予算の支出先、使途の実態を把握して、国民に明らかにした上で、事業内容や効果の点検を行い、その結果を予算の概算要求や執行等に反映させる取組である。点検結果については、勧告権をもつ第三者機関による評価が法的に義務付けられている。

【国家一般職H26】

6. ×
点検結果について、勧告権をもつ第三者機関による評価が法的に義務付けられているわけではない。

予算と決算

難易度 ★★★
頻出度 ★★★

行政学では、予算よりも決算のほうが出題されやすいです。憲法で学んだ知識で解ける問題もあるので、マスターするのに時間はかからないでしょう。

1 財政民主主義

R.マスグレイブは、現代財政の機能を３つに分けました。すなわち①資源配分、②所得再分配、③経済安定の３つです。この３つは財政学で詳しく勉強する内容ですが、行政学でもたまに出題されます。ですから、一応のイメージは持っていた方がいいと思います。次にまとめてみますので、一読してください。

財政の機能

① **資源配分機能**
市場メカニズムに任せていては調達できない**公共財等を供給**します。

② **所得再分配機能**
低所得者への**非課税**や高所得者に対する**累進課税**などの租税制度、社会保障関係費の支出、公共事業などを通じて、各社会階層間の所得を再分配し、公平を期します。

③ **経済の安定機能**
財政出動によって需要を創出し、不景気からの脱却を図るなどの**景気対策**を行います。

2　租税法律主義

租税法律主義は、今や憲法84条に明記されている通り、新たに租税を課したり、現行の租税を変更したりするときには法律によって行わなければならないという建前です。課税要件法定主義や課税要件明確主義をその内容としていて、地方公共団体においては条例で租税を課すことができます。法定外普通税や法定外目的税のことですね。

ちなみに、明治憲法の下での日本では、予算制度について、条文は用意されていましたが内閣の責任における予算超過や予算外支出などを許していましたし（後日、議会の承認を求める必要あり）、緊急時には議会の議決を経ずに勅令で財政上の処分を認めていました。さらには予算が議会で成立しない場合には、**前年度の予算を施行することまで許容されていました**。そういった意味では、抜け穴が多数あったため、**財政民主主義の原則が確立されていたとは到底言えませんでした**。

3　予算の意義

予算は、一会計年度における政府の収入（歳入）と支出（歳出）の見積りと一般的に表現されます。法律とは異なる国法の一形式とみなされていることは憲法でも勉強したと思います（予算法形式説）。政府が遵守すべき法的義務を負う行為規範であるってやつですね。予算過程は**準備・作成、執行、決算、政治的統制の４つ**と表現するのが一般的です。この過程を経ることでよかった点や悪かった点などの結果を**次の予算過程に生かすことができます**。つまり、その結果が次年度の予算編成や執行中の予算を左右することもあるということです。また、予算執行のための法令・通達・要綱等の改正作業は、各省庁の**概算要求と同時並行的**に行われ、それらが改正されてから、予算が執行されることになります。次に予算の種類をまとめておきますので、それぞれの項目を見ながら基本事項を確認してみてください。

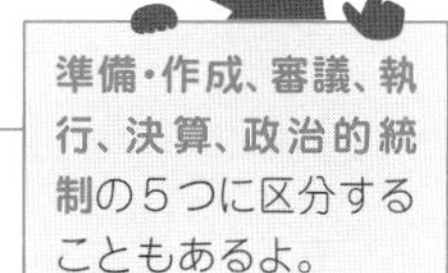

地方公共団体の場合は「租税条例主義」と呼ぶことがあるよ。条例は法律と同じ民主的立法だからね。

予算の種類

<table>
<tr><td rowspan="4">本予算</td><td colspan="2">一般会計、特別会計、政府関係機関の予算は一体として国会の議決を経る必要がある。予算は内閣が作成し（国会議員ではないので注意）、衆議院に先に提出して審議・議決する（予算の先議権）。予算は政府が誠実に遵守すべき法的義務を負った行為規範である（予算法形式説）。</td></tr>
<tr><td>一般会計</td><td>国の一般の歳入・歳出を経理する予算。全省庁の基本的な予算で、歳入は主に租税と国債が財源となっている。大体3分の1程度が国債（公債依存度は32％くらい）。</td></tr>
<tr><td>特別会計
（ヘソクリ会計）</td><td>特定の歳入と特定の歳出を一般会計と区分して経理する予算。「予算単一の原則」の例外。現在、経過的なものも含めて13の特別会計が設置されている（徐々に数は減ってきている）。額が一般会計予算よりも多いこと（4倍弱くらい）が問題視されている。</td></tr>
<tr><td>政府関係機関予算</td><td>政府関係機関とは、特別法で設立された全額政府出資の法人で、予算について国会の議決が必要とされるものをいう。</td></tr>
<tr><td>暫定予算</td><td colspan="2">日本国憲法下では、明治憲法下とは異なり、予算が成立しない場合に前年度の予算をそのまま執行することはできない。そこで、何らかの理由により新会計年度開始までに本予算が成立しない場合のつなぎ予算として「暫定予算」の制度が用意された。内閣は国家公務員の給料（5兆円くらい）などの事務経費だけを暫定的に予算に組み込み、国会に承認してもらう（国会の承認が必要）。よって、積極的な公共事業や社会福祉用の経費は組み込めない。本予算が成立したら吸収されて消滅する。</td></tr>
<tr><td>補正予算</td><td colspan="2">当初の予算に修正（減額、増額）や追加（組み換え補正）をする予算。国会の承認を得ることで成立する。なお、一会計年度における回数制限はない（第一次補正予算、第二次補正予算……など）</td></tr>
</table>

ほかにも**財政投融資**なるものが存在します。これは国の信用等に基づき調達した資金を財源として、政策的な必要性があるものの、民間金融では困難な長期資金の供給などを可能とするための融資活動です。郵便貯金等を大蔵省の資金運用部に預託する従来の制度は廃止され、2001年から自主運用されることになっているため、財政投融資債や財政投融資機関債を発行して資金調達を行っています。

4　国債

国債は国の借金です。財政法第４条第１項ただし書で公共事業費、出資金及び貸付金の財源について、例外的に国債発行や借入金により調達することを認めています。

1　建設国債

財政法第４条第１項ただし書に基づいて発行される国債を「**建設国債**」と呼びます。建設国債は、**国会の議決**を経た金額の範囲内で発行できるとされていて、発行限度額が、一般会計予算総則に計上されます。また、公共事業費の範囲についても**国会の議決**を経る必要があり、同じく一般会計予算総則に規定されています（財政法第４条第３項）。

2　特例国債

建設国債を発行しても、歳入が不足するなぁ……という場合には、１年限りの**公債特例法**を作って国債を発行することができます。これを「**特例国債**」と呼びます。特例国債は、建設国債と同様に国会の議決を経た金額の範囲内で発行できることとされ、一般会計予算総則にその発行限度額が計上されます。日本は1965年度に初めて特例国債を発行し、しばらく発行しなかったのですが、1975年度から再び発行するようになりました。バブル景気のころ一時的に発行しなかった年がありましたが、以後毎年発行しています。試験的に覚えておくべき構造的問題は、日本の場合、建設国債よりも特例国債の方が多いということです。特例国債は建設国債の４倍以上ありますので、どちらが原則形態なのかが分からないくらいの比率になっています。

その性質から「赤字国債」と呼ばれる。

5　会計年度独立の原則に対する特例

「会計年度独立の原則」とは、各会計年度の経費はその年度の歳入をもって支弁するべきで、特定の年度における収入・支出は、ほかの年度のそれと区分すべきこととする原則をいいます。しかし、これには例外的な特例が認められており、それが明許繰越し（繰越明許費）と継続費です。

1 明許繰り越し（繰越明許費）

歳出予算の経費のうち、その性質上または予算成立後の事由に基づいて年度内にその支出が終わらない見込みのあるものについては、**あらかじめ国会の議決**を経て、**翌年度**に繰り越して使うことができます。これを「明許繰り越し」と言います。

2 継続費

「継続費」は、工事等で完成に数年度を要するものについて、経費の総額と年割額を定め、**あらかじめ国会の議決**を経て、**数年度にわたって支出**することのできる経費です。なお、継続費は、１回の議決によってその全部が有効に成立する性質をもつので、毎年継続費として議決を経る必要はありません。また、国会は継続費成立後の会計年度の予算審議の際に、その継続費について、重ねて審議することができます。

6 本予算の作り方

まず、各府省は６月から７月くらいにかけてそれぞれ自分たちが欲しい予算額をまとめます。各府省は、**概算要求基準（シーリング）**を見ながら、**財務省主計局**に対して**概算要求**を提出します。これが８月下旬です。その後、各府省から集められた概算要求について、財務省が査定を開始します。そして、９月から12月にかけて、財務省が担当者からヒアリングを行い、本当に必要なのかどうかを折衝します。12月中旬には内閣が「予算編成の基本方針」を閣議決定します。そして、12月下旬に政府内で最終調整を行い、**予算案（政府案）が閣議決定**されます。ここまでが年内です。

翌１月からは政府が国会に予算案を提出し、通常国会で予算審議（先に衆議院に送られ審議・議決）をし、これを３月31日までに成立させます。

政府は予算案を編成する最後の過程で財務大臣と各大臣との折衝を行う機会を設ける。これを「閣僚折衝」というよ。

7　予算の学説

1 A.ダウンズ

A.ダウンズは、有権者は自己の効用を最大化することを目的に行動するという、合理的選択論の提唱者です。物事のメリットとデメリットを天秤にかけ（費用便益分析）、自分にとって最大の効用をもたらす決定をするという考え方ですね。しかし、政治の世界は経済の市場とは異なり、超不完全情報下で動いている関係で、有権者はすべてのことを把握することはできません。それゆえ、有権者は費用の大きさばかりを過剰に意識し、費用の削減を求めるようになります。そうすると、結果的に**より小規模な予算が実現する**ことになります。このような因果を分析したのが、ダウンズです。

2 W.ニスカネン

W.ニスカネンは、ダウンズとは逆に**予算極大化（最大化）モデル**を提唱しました。これは、行政の暴走を議会が止められないから起こると言われます。すなわち、官僚は自分の所属する行政機関の予算をより大きくしようとするのに対して、議員は予算に対する情報を十分に持っていないので議会としてのチェックが甘くなり（統制が甘くなる）、簡単に予算案を通してしまう……。そうすると、結果的に**最適なサービス量以上の予算が決定される**という考えです。議会のチェックが甘いから予算がどんどん膨れ上がる、というわけですね。

W. ニスカネン

議会のチェックが甘いと予算は膨張する！しっかりとチェックしないとね。

8　決算

予算の執行過程が終わると、決算の段階に突入します。国の収入支出の決算は、すべて毎年**会計検査院**がこれを検査し、内閣は次の年度に、その検査報告とともに、これを国会に提出しなければなりません（憲法90条1項）。つまり、決算は会計検査院に検査しても

一会計年度における国の収入支出の実績を示す確定的計算書だよ。法規範性がない点で予算とは異なる。

らって、内閣はその検査報告を一緒に国会に提出し、審査を受けるという仕組みになっています。ただ決算審査は「**報告案件**」なので、仮に国会が承認しないとしても、それによって予算の執行の効力が左右されることはありません。

会計検査院は、国会の両議院の同意を得て内閣が任命する3人の検査官によって構成される**検査官会議（意思決定機関）**と事務総局をもっているよ。規則制定権も有しているね。

会計検査院は、憲法及び会計検査院法で認められた、**内閣から完全に独立した会計検査機関**です。会計検査院は、適正に検査を行うために、検査基準を設けています。具体的には、**正確性、合法性（合規性）と3E（効率性、経済性、有効性）の基準です。**正確性と合法性（合規性）は昔から会計検査の基準として使われてきたので特に言うことはないのですが、最近はこれらだけではなく、**3Eなるものも重視されるようになってきました。**それぞれの頭文字がEから始まるのでこのように呼ばれています。特に有効性検査は増えつつあるとされていますね。

3Eの基準

✓ **効率性(Efficiency)**
同じ経費で**より高い効果**が出ないかを検証します。コスパ的意味合いですね。

✓ **経済性(Economy)**
同じ効果を**より安く実現できないか**を検証します。競争入札をすればいい、といった考え方などです。

✓ **有効性(Effectiveness)**
当初の**目的の達成度**を検証します。

会計検査院の検査は「書面検査」と「実施検査」の２つがあるよ。

PLAY&TRY

1. マスグレイブによると、資源配分機能とは、低所得者に対する非課税、高所得者に対する累進課税、社会保障関係費の支出などの財源措置を通じて、資源を配分する機能である。

【国家一般職H24改題】

1. ×
所得再分配機能の誤り。

2. 予算は、議会において議決されるべき立法形式の一つではあるが、単なる歳出歳入についての見積りなので、政府が誠実に遵守すべき法的義務を負った行為規範ではない。

【国家一般職H21改題】

2. ×
政府が遵守すべき法的義務を負う行為規範である。

3. 赤字国債は、財政健全化の観点から財政法では発行が認められていないが、実際には、1年限りの公債特例法を制定することにより、赤字国債を発行している。

【国家一般職H24改題】

3. ○
そのとおり。財政法上は建設国債の発行のみが認められている点を押さえよう。

4. 憲法上、予算の作成・提出権は内閣に専属するが、予算の成立には国会の議決が必要とされている。国会は、予算の議決をするに当たり、これを否決することはできるが、予算の修正や組替えはできない。

【国家一般職H24改題】

4. ×
予算の修正や組替えの動議も認められている。

5. W.ニスカネンは予算極大化(最大化)モデルを提唱し、官僚は自らの所属する行政機関の予算を可能な限り最大化させようとするのに対し、政治家は予算に関する情報を十分持たないことから官僚の統制不足が生じるとした。

【国家一般職H27改題】

5. ○
そのとおり。最適なサービス量以上の予算が決定されることになると指摘した。

6. 会計検査院は、内閣に対し独立の地位を保障された組織で、３人の検査官をもって構成する合議制の検査官会議と事務総局とで組織されており、検査官会議は意思決定機関である。

【特別区Ｒ１】

6. ○
そのとおり。検査官会議は意思決定機関である。

7. 会計検査院の検査は、国及び国の出資する法人等の会計を対象とするが、地方自治の本旨に基づき、国が補助金その他の財政援助を与えた都道府県及び市町村の会計については対象とすることはできない。

【特別区Ｒ１】

7. ×
国が補助金その他の財政援助を与えた都道府県及び市町村の会計については対象とすることもできる。

8. 会計検査院の検査は、正確性、合規性、経済性、効率性及び有効性の観点その他会計検査上必要な観点から行うものであるが、特に、経済性、効率性及び有効性については、３Ｅ基準と言われる。

【特別区Ｒ１】

8. ○
そのとおり。3Eの基準が重要であると言われる。

9. 会計検査院は、検査の結果、国の会計事務を処理する職員が故意又は重大な過失により著しく国に損害を与えたと認めるとき、その事件を検察庁に通告し、当該職員を懲戒処分しなければならない。

【特別区Ｒ１】

9. ×
懲戒処分を求めることができるだけで、懲戒処分自体は任命権者である所属機関の長が行う。

11 政策過程

難易度 ★★★

頻出度 ★★★

政策過程は５段階にわたりますが、出題されるのは政策決定と政策評価です。特に、政策決定は学者がたくさん出てくるので、自分なりに整理することをオススメします。

1 政策過程とは

政策過程とは、議題を設定し、政策を実施するまでの過程を言うのですが、最近はその後の政策評価が大切だとされています。したがって、議題設定から政策実施を経て、その後の政策評価までを一連のものと捉えて政策過程と呼びます。なお、政策評価の結果はフィードバックループを経て、再び最初の議題設定につなげていきます。図で示すと次のようになります。

政策過程

①議題設定→②政策立案→**③政策決定**→④政策実施→**⑤政策評価**

（⑤から①へ）フィードバック

2 政策決定

政策過程における花形が政策決定です。政策を立案してそれが決定されていく過程を分析する学者はとても多く、そういった意味ではキリがありません。そこで今回は試験的に大切な人だけをまとめて、シンプルに解説するにとどめます。

1 合理的選択論

これは10章で勉強した、A.ダウンズが唱えた考え方ですね。目的達成が可能な代替案をすべて列挙し、それらにつき費用便益分析を加え、代替案に優先順位を付けたうえで**最大の効用を得られる選択肢を選ぶ**、というあれです。最適の選択を目指して効用を最大化しようと目をぎらつかせている感じがイケてますよね。しかし、行政の意思決定はそう簡単ではありません。判断の前提となる情報が不完全であるし、そもそも人間の認識能力には限界もあります。それにすべての代替案について費用便益分析を加えるのでは作業量が膨大になり、多大なコストと時間がかかってしまいます。このようなことから、合理的選択論はボロカスに言われてしまいました。例えば、H.A.サイモンはこれを「**最大化モデル**」、C.リンドブロムは「**総覧的決定モデル**」と呼び、いずれも批判の対象として自説には採用しませんでした。

経済的合理性を求めた行動だね。客観的合理性と言ってもいいかな。

2 満足モデル(充足モデル)

H.A.サイモンが唱えたのが**満足モデル(充足モデル)**です。これは組織の人間の意思決定を行動科学的に分析したもので、人間は合理的な意思決定をするものの、それは「**限定された合理性**」を前提にしているとします。なぜなら、そもそも人間の認識能力が限定されているからです。そこで、最善ではないけれど、**一定の願望水準を満たすような政策決定をすることが大切**で、むしろそれで足りると主張しました。一応、合点のいく結果をもたらす選択肢が見つかったら、その時点で考えることをやめ、最善の選択肢を探すことにはこだわりません。完璧を求めない点がポイントです。合理的選択論との比較で見ると、次のことが言えそうです。

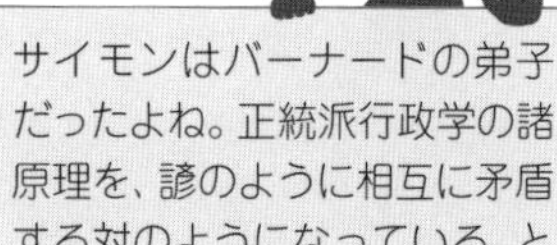

サイモンはバーナードの弟子だったよね。正統派行政学の諸原理を、諺のように相互に矛盾する対のようになっている、と指摘したのも覚えているよね?

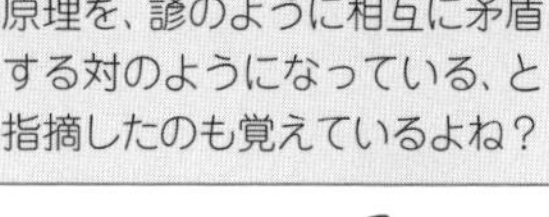

人の気持ちに依存するから、主観的合理性と言ってもいいね。

願望水準を満たせばそれでOK。
それが満足モデルさ。

H.A.サイモン

合理的選択論と満足モデルの比較

✓ **合理的選択論**

→ 経済的合理性(客観的合理性)→「最大化モデル」＝**経済人**が前提

⬇

✓ **サイモンの理論**

→ **限定された合理性(主観的合理性)**→「**満足モデル**」＝**行政人**が前提

また、サイモンは、意思決定理論として「決定前提」というものを提唱しました。決定前提とは、意思決定をする際の前提となるもの、くらいの意味で考えておけばいいと思います。決定前提には「**価値前提**」と「**事実前提**」の２つがあり、**目的を「価値前提」**、その**手段を「事実前提」**と呼びます。そして、この２つは担い手が若干違います。つまり、**組織の上位者は価値前提に基づいて意思決定を行い、下位者は事実前提に基づいて意思決定をしているというわけです**。目的を事前に検討することはあまりしませんが、手段を事前に検討することは、これでもかというくらいしますよね。そういった意味で、組織の意思決定で問題となる決定前提は事実前提の方なのです。また、組織は上下の連鎖で出来上がっているので、それぞれが自分の役割を円滑に果たせるようにするためには、相互の意思疎通を可能にするコミュニケーション・ネットワークが必要です。これにより組織の意思決定が全体で行われるようになります。

決定前提

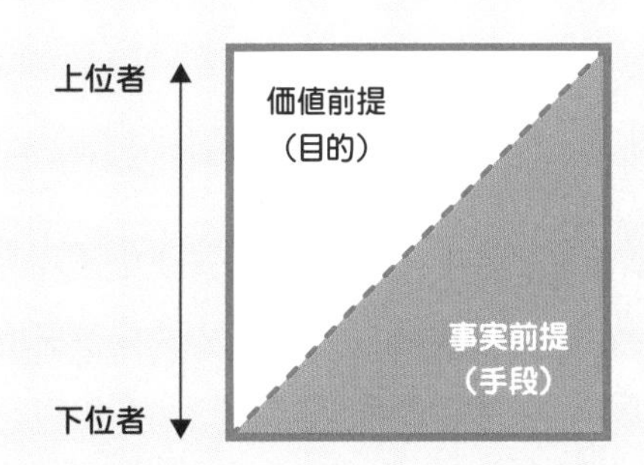

3 インクリメンタリズム

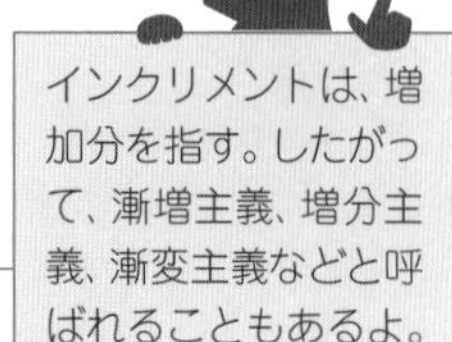

インクリメントは、増加分を指す。したがって、漸増主義、増分主義、漸変主義などと呼ばれることもあるよ。

C.リンドブロムが提唱した理論で、行政は一気にすべての選択肢を検討するのではなく、当面の課題に対して、数少ない選択肢を検討し、**少しずつ手をつけていく方式**です。試験的には、引っかけで「数少ない」を「網羅的な」としたものや、「少しずつ」を「抜本的に」とした×肢に注意ですね。インクリメンタリズムは、もともと予算編成過程で唱えられたもので、完全な合理性までは求めません。そういった意味では現状維持的で**保守的傾向が強い**と言われることがあります。ただ、現実的なアプローチとして評価されています。ですから、インクリメンタリズムも結局は広い意味で「満足モデル」の一類型であると言えます。

リンドブロムは、このインクリメンタリズムを提唱する中で、「**多元的相互調節の理論**」についても触れています。インクリメンタリズムによると、数少ない選択肢を検討することになるので、様々なアクターの意見が相互に調節され、結果的に社会的に見て合理的な政策を作り出すことができる、という理論です。簡単に言うと、対立する利害が自動的に調節されるので、出てくる結論（政策）は公共の利益に合致した合理的なものになるということです。

インクリメンタリズムの多元的相互調節は最強だ！

C.リンドブロム

リンドブロム氏の多元的相互調節に賛成します！

A.ウィルダフスキー

このほか、インクリメンタリズムを擁護した学者として、**A.ウィルダフスキー**も一緒に押さえておきましょう。

4 混合走査法モデル

A.エチオーニは、政策の立案の場面を２つに分け、それぞれ異なる手法を用いるべきだとしました。具体的には、**影響力の大きい政策の立案**は、合理的選択論は不可能であっても、現実性の高い限られた数の政策に合理的で綿密な分析を加える**走査法**により行うべきであるとする一方、**その他些末な政策の立案（事務経費の決定など）**は斬新的な修正による分析を加える**インクリメンタリズム**に任せるべきだ

昔、僕が教わっていた教授が「ゴミ缶モデルの典型は教授会だ」と言っていて、爆笑したのを覚えているよ。

としました。このように場面に応じて２つの手法を使い分けるべきだとする考えを「**混合走査法モデル**」と言います。

5 ゴミ缶モデル

J.マーチらが唱えたのが「**ゴミ缶モデル**」という変わったモデルです。いろいろな課題や提言をゴミ箱のようなところ（政策過程）に投げ込めば、**偶然**の結びつきにより、ちゃんとした政策が出来上がるという理論です。意思決定はいわば「**組織化された無秩序**」だということになります。このように全てを偶然の産物だと捉えるので、場合によっては課題解決が先のばしされたり、論点の見落としがあったりと、トラブルが起こってしまうこともありそうですね。

J.マーチ

ゴミ缶はしっかりと分別しよう。
そういう意味ではないか……。

6 政策産出分析

T.ダイと**A.シャーカンスキー**が唱えたのが「**政策産出分析**」です。これは、同じバックボーンを有する地域には、同じような政策が産出される可能性が高い、という分析です。例えば、高齢化が進んだ地域であれば、健康増進政策や高齢者雇用を確保する政策が実現しやすいように**地域の類似性が政策産出の要因となる**ということを示したものになります。

7 決定行動分析（アリソンモデル）

G.アリソンは、アメリカの政策決定のあり方を分析し、『決定の本質』という著書を書いています。アメリカは1962年の**キューバ危機**の際にソ連との核戦争の危機を英断により回避しました。その際のアメリカ政府の対応を、３つの政策決定モデルで説明しました。具体的には次のようになります。

ベトナム戦争ではないよ。
ひっかけに注意しよう。

Teramoto's Trivia

アリソンは、キューバ危機の際にアメリカで多数の役職者が意志決定に関与したとしているよ。

アリソンモデル

① **合理的行為者モデル**
合理的な単一の**政策決定者（つまりアメリカでは大統領）**が、国益を求めて政策決定を行うというモデルです。これに対してアリソン自体は否定的でした。

② **組織過程モデル**
現場の業務遂行の過程で政策決定に至るというモデルです。あらかじめ定められたルールに従い、事例を当てはめるだけ、という感覚で政策決定がなされます。**標準作業手続に基づいて行動**するだけなので、そこで決定された政策は、いわば**機械的反応の結果**に過ぎません。メリットは過去の事例に照らして対応することになるので、予測可能性が確保される点です。

③ **官僚政治（政府内政治）モデル**
各組織における少数の役職者の**「駆け引き」によって政策が決定**されるというモデルです。役職者を政治のゲームを行う**プレーヤー**と考えます。政策決定はこのような役職者たちの「駆け引きの結果」（勝敗の結果ではないので注意）であるとします。メリットは駆け引きの過程で**利害調整が図られる点。**アリソンはこのモデルに対して肯定的です。

3 政策評価

1 政策評価の指標

政策が実施された後は、政策評価をして次の議題設定や政策立案に生かされなければなりません。やりっぱなしはダメで、ちゃんとフィードバックをしなければならないわけです。特に、**NPM（新公共管理論）が世の中で主流になってきてからは、特に政策評価が注目されるようになりました。**政策評価もただやるだけでは意味がないので、一定の指標を使うことになるのですが、その際の指標として①**インプット（人員・予算投入量）**、②**アウトプット（行政の活動量としての結果）**、③**アウトカム（活動の結果何が達成されたのか＝活動の成果）**、の大きく３つがあります。ダムを例にとると、ダムの建設予算がインプット、ダム工事がアウトプット、それによる洪水の減少がアウトカム、みたいな感じになります。ちなみに、行政評価で重視されるのはアウトカムです。

2 我が国の政策評価制度の変遷

日本の政策評価制度は、1996年に**三重県が国に先駆けて「事務事業評価システム」を導入しました**。その後**北海道では「時のアセスメント」**、**静岡県では「業務棚卸表」**とった形で各自治体に広がっていきました。ですから地方発信であるという点をしっかりと覚えてください。なお、地方自治体においては、政策評価制度が条例化されるケースが多いのですが、**内規（行政規則）である要綱によって制度化している自治体もある**ので、必ずしも条例化されているわけではありません。では、国は？ と言うと、地方よりも若干遅れて、2001年にようやく「**政策評価法**」（行政機関が行う政策の評価に関する法律）が制定されました（施行は2002年４月〜）。この政策評価法の下では、各府省が所掌する政策について自ら評価を実施するとともに、総務省自らも、政策評価の推進、複数府省にまたがる政策の評価を実施することとされています。

なお、独立行政法人についても、業務を事後的に評価するシステムが確率されている。また、この評価の客観性を担保するために、第三者評価機関（総務省の独立行政法人行政評価制度委員会）による評価システムが設けられている。

まず、各府省は、政策を企画立案し遂行する立場から政策の特性に応じて**自ら評価**します。具体的には、「**政策評価に関する基本方針**」に基づいて、各行政機関は、主として**事業評価方式**（個々の事業や施策の実施を目的とする政策を決定する前に費用対効果を評価する）、**実績評価方式**（目標期間が終了した時点で目標期間全体における取組みや最終的な実績等を総括し、目標の達成度合いについて評価する）、**総合評価方式**（政策の決定から一定期間を経過した後に、政策に係る問題点を把握するとともにその原因を分析する）の３つの方式（評価の三方式）により、評価を行います。結果については、評価書を作成し、公表することになっています。

次に、これとは別に**総務省（行政評価局）**も統一性、総合性、客観性を確保するために、政策評価を行います。具体的には、総務省は、**各府省が行った評価の再点検**や、２以上の複数府省にまたがった政策の評価などを行います。

北海道は札幌の時計台が有名なので「時のアセスメント」、静岡県には棚田があるので「業務棚卸表」というこじつけで覚えよう。

評価の三方式

	対象	時点	目的・ねらい
事業評価	個々の事務事業が中心、施策も	事前 必要に応じ事後検証	事務事業の採否、選択等に資する
実績評価	各府省の主要な施策等	事後 定期的継続的に実績測定、目標期間終了時に達成度を評価	政策の不断の見直しや改善に資する見地
総合評価	特定のテーマ(狭義の政策・施策)について	事後 一定期間経過後が中心	問題点を把握 その原因を分析など総合的に評価

PLAY&TRY

1. H.サイモンは、人間の認識能力の限界を意味する「限定された合理性」を前提に、一定の願望水準を満たせばそれで足りるとする満足モデル(satisfying model)を否定し、費用と時間をかけて最適の政策案を選択して、効用を最大化すべきと説いた。

【国家一般職H29】

2. C.リンドブロムは、政策の立案について、問題解決のための全ての手段を網羅し、得られる結果を完全に予測した上で、あらかじめ決められた評価基準に従ってどの手段が最適であるかを評価し、最適な手段を採用するという手順で行うインクリメンタリズムを提唱した。

【国家一般職H29】

1. ×
満足モデルを提唱したのがサイモン。

2. ×
本肢は合理的選択論の考え方であり、リンドブロムはこれを「総覧的決定モデル」と呼んで自説として採用しなかった。

3. Cリンドブロムは、問題を根本的に解決する政策案の検討が重要であり、実現可能性の有無にかかわらず、政策案を網羅的に比較し、検討する必要性があるとする増分主義(インクリメンタリズム)を提唱し、その中から最適なものを選択すると、政策実施後の評価が最小限の費用や時間で行われるとした。

【国家一般職R1】

3. ×
問題を根本的に解決する政策案の検討ではなく、実現可能性を考慮して、数少ない選択肢を比較し、検討する必要性があるとした。これを増分主義(インクリメンタリズム)と呼ぶ。

4. A.エチオーニは、組織の資源の有限性から総覧的モデルを提唱し、資源を効率的に活用するためには、影響力の大きな政策は合理的で緻密な分析を行い、それ以外の政策は現状の漸進的な修正による分析さえも不要と考えた。

【国家一般職H29】

4. ×
混合走査法モデルの誤り。また、それ以外の政策は、現状の漸進的な修正による分析を加えるインクリメンタリズムによるべきであるとした。

5. J.マーチらが提唱したゴミ缶モデルは、問題、解決策、参加者、選択機会という意思決定の要素が偶然に結びつくことで、決定が生じるとして、組織におけるこうした意思決定を「組織化された無秩序」ととらえた。

【国家一般職H29】

5. ○
そのとおり。
「組織化された無秩序」というキーワードを押さえよう。

6. G.アリソンは、キューバ危機の13日間を題材に、当時の政策決定は、一枚岩の政府が政策の選択肢を検討し、自分たちの効用に従ってそれらの選択肢を評価し、利益が最大になるものを選択するという組織過程モデル(organizational process model)のみで説明が可能であるとした。

【国家一般職H29】

6. ×
組織過程モデルのみで説明が可能とはしていない。合理的行為者モデルや官僚政治モデルも提唱した。

7. アリソンは、「決定の本質」を著し、ベトナム戦争を分析対象にして、政策決定に関する3つのモデルを提示した。

【特別区H28改題】

7. ×
分析対象はキューバ危機である。

8. 組織過程モデルとは、政府を単一の行為主体としてとらえ、政策決定者は、明確な政策目標を設定し、その目標を実現するために最適な手段を選択するというものである。

【特別区H28改題】

8. ×
合理的行為者モデルの誤り。

9. 合理的行為者モデルとは、決定者としての政府は複数の組織からなる複合体であると考え、政府の政策は、政府内の各組織の標準作業手続に基づいて決定されるというものである。

【特別区H28改題】

9. ×
組織過程モデルの誤り。

10. 官僚政治モデルとは、政策決定は、政府内の複数組織の長い間での駆け引きによって行われるというものである。

【特別区H28改題】

10. ○
そのとおり。政府内政治モデルともいう。

11. 我が国の政策評価は、2001年に制定された「行政機関が行う政策の評価に関する法律」に基づき、2002年4月に国において政策評価が実施されたのが最初であり、地方自治体に先行して国が導入した。

【特別区H27】

11. ×
地方自治体が国に先行して導入した。

12. 地方自治体による政策評価は、「行政機関が行う政策の評価に関する法律」に基づいて制定された、三重県の「事務事業評価システム」、北海道の「業務棚卸評価」や静岡県の「時のアセスメント」など、事務事業を評価対象としたものが中心となっている。

【特別区H27】

12. ×
地方自治体の政策評価は、条例に基づいて行われる。また、北海道→時のアセスメント、静岡県→業務棚卸評価、である。

13. 政策評価制度は、市町村レベルでの導入が先行して進められ、三重県津市の事務事業評価システム、北海道札幌市の政策アセスメント、静岡県静岡市の業務棚卸表等が知られている。そうした実践を受けて、平成29(2017)年に国レベルで政策評価制度を導入する「行政機関が行う政策の評価に関する法律」が成立した。

【国家一般職R１】

13. ×
政策評価制度は都道府県レベルでの導入が先行して進められた。三重県→事務事業評価システム、北海道→時のアセスメント、静岡県→業務棚卸表、である。また、政策評価法は、2001年に成立した。

14. 政策評価では、投入した費用であるインプット、行政の活動量を示す結果であるアウトカム、実際に社会が変化したかという成果であるアウトプットが主な指標となっている。結果であるアウトカムは、経済情勢等の要因も影響して変化するため、政策によるものかどうかの判断が難しいとの指摘がある。

【国家一般職R１】

14. ×
アウトカムとアウトプットが逆である。

15. 国の政策評価の事前・事後評価における評価方式は、「行政機関が行う政策の評価に関する法律」に基づき策定された「政策評価に関する基本方針」のなかで事業評価方式、実績評価方式、総合評価方式の３類型が示されている。

【特別区H27】

15. ○
そのとおり。３類型の中身もなんとなくでいいので覚えておこう。

16. 総務省は、２以上の行政機関に共通するそれぞれの政策であってその政府全体としての統一性を確保する見地から評価する必要があると認めるもの、又は２以上の行政機関の所掌に関係する政策であってその総合的な推進を図る見地から評価する必要があると認められるものについて、統一性又は総合性を確保するための評価を行うものとする。

【特別区H27】

16. ○
そのとおり。本肢のように２以上の複数省庁にまたがった政策の評価を行う。

行政責任と行政統制

難易度 ★★★

頻出度 ★★★

行政責任と行政統制はともに、行政の暴走に歯止めをかける手段となり得ます。特に、行政統制の類型はたくさんあるので、落ち着いて１つひとつ理解するようにしましょう。

1　行政責任とは

行政責任を考える際に、**議会を本人**とみなし、**行政をその本人の代理人**と考える見方があります。これを「プリンシパル・エージェント」と呼ぶことがあります。ただ、実際は様々な考え方があるため、一筋縄ではいきません。そこで、この本では試験に出題される２人の学者の論争を中心に話を進めていくことにします。

時は1930～40年代（**政治・行政融合論の時代**）、行政国家現象が進展する中で、イギリスのH.ファイナーとアメリカのC.フリードリッヒは、行政責任とは何ぞや？という問いに自分の考えをぶつけ合いました。２人の頭文字がともにFであったため、「**FF論争**」とも呼ばれています。

1　H.ファイナー

H.ファイナーは、行政責任について、伝統的な権力分立原理に立脚した**議会の外在的統制を重視**しました。そこで、行政責任とは、外在的責任であって、議会に対する説明責任だ、としたのです。具体的には、

H.ファイナー

「**X（行政部＝代理人）はYの事項（行政事項）に関してZ（議会＝本人）に対して説明し得る**」ことを行政責任の本質と捉えました。この考え方は、議院内閣制の国であれば当然じゃん……となりそうですね。彼がこのような形式的な対議会責任を重視するのには、理由があります。それは、行政官個人の裁量を出来る限り認めたく

ファイナーはイギリスの行政学者なのだけどルーマニアに生まれ、戦後はアメリカに渡って活動したよ。複雑だよね。

なかった、という理由です。行政官個人の内在的責任意識に任せる原理は危険だ、と考えていたようですね。

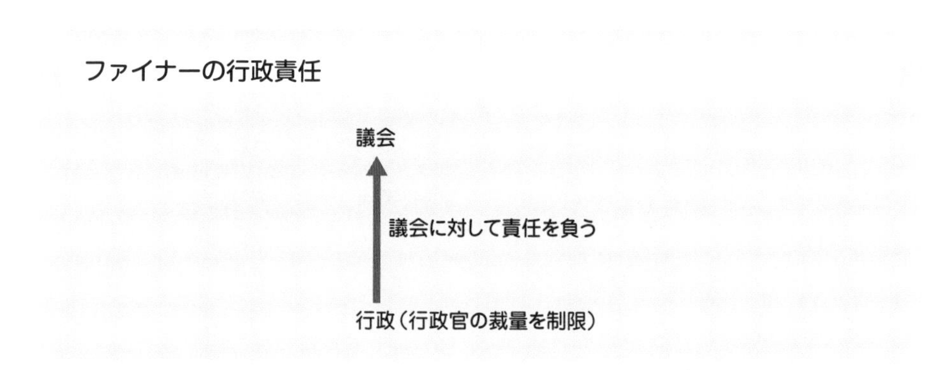

2 C.フリードリッヒ

C.フリードリッヒ

行政官の個人の責任を考えないとダメだ！しかも2つね。

C.フリードリッヒは、行政国家現象に伴う議会による外在的統制の限界を指摘し、それに代わって**行政官個人の責任意識**に着目しました。そして、行政官が専門的な知識や経験、技術を身に付け、国家に奉仕する存在になるためには、**自由裁量が与えられていなければならない**としました。つまり、結果に対して説明がちゃんとできるのであれば、自由裁量を認めていくべきだとしたのです。「自由奔放＝フリーダムなフリードリッヒ」と覚えればいいですね。

ただ、問題はその説明、すなわち責任の性質です。彼によると、行政責任は、行政官の**専門家や民衆に対する応答性**を指します。行政官の責任意識である**内在的責任（自律的責任）を重視**した、と言っていいでしょう。そして「**機能的責任**」（専門家をはじめとする**技術的知識**に対応する責任＝客観的責任）と「**政治的責任**」（**民衆感情**に対する責任＝主観的責任）の２つを提唱しました。これはつまるところ、行政官は専門家に対して引けを取らない知識をもって誠実に対応していかなければなりませんし、国民・住民の感情にも応え

ほかにも、「**予測的対応の理論**」なるものを提唱したよ。行政の提案が議会を通過しやすいのは、「代理人」である行政が「本人」である議会の意図をくみ取って行動しているからだ、としたんだ。これは行政が議会の権威を承認していることを意味するのだけど、ハッキリ言って単なる忖度だよね。

ていかなければならないということを意味しています。

フリードリッヒの行政責任

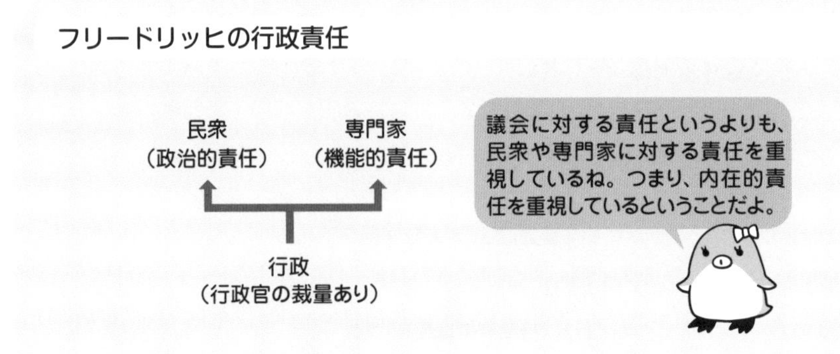

もっとも、このように、行政が機能的責任と政治的責任を相互補完的に負うことになると、求められるものが相互に食い違う場合には**行政責任のジレンマ**が生じることも予想されます。このような事態に陥ったときには、行政官は自己の良心に従って行動するしかありません。そこで、**行政官の自律的態度**こそがジレンマを乗り越えるためには必要になります。ちなみに、これに対しては、ファイナーが痛烈な批判をしています。そもそも議会に対する責任が本質なのだからジレンマなんて生じないし、フリードリッヒの考えは結局、道徳的義務に対する内在的かつ個人的感覚に依拠するものであってよろしくない、と考えたのです。

まとめ

	ファイナー	フリードリッヒ
責任	**外在的責任（他律的責任）を重視**	内在的責任（自律的責任）を重視
性質	対議会責任	対民衆　→　**政治的責任** 対専門家　→　**機能的責任**
行政官の裁量	認めない	**自由裁量を認める**

2 行政統制とは

行政統制とは、行政が暴走しないように歯止めをかけることを言います。暴走しないように歯止めをかけるという意味で行政責任と行政統制は共通しますが、行政責任は行政自身からの目線なのに対して、行政統制は他者からの目線なので、その視点が異なります。

1 C.ギルバートのマトリックス

行政統制の手法には様々なものが考えられますが、まずは**C.ギルバート**のマトリックスを覚えることから始めましょう。C.ギルバートは、行政をコントロールする行政統制のあり方について、大きく**4つ**にカテゴライズしました。

さて、ギルバートが使った指標は2つです。1つ目は**外在的か内在的か**という指標です。これは要するに、行政の外部からくる制約なのか、行政の内部からくる制約なのか、という点に着目したものになります。外か内かというのは結構微妙な判断になり、学者によってカテゴライズの仕方が異なりますので、細かいことは気にしない方がいいでしょう。ですから、今回は最低限試験に必要となる部分だけを次の図のようにまとめてみました。2つ目は、**制度的か非制度的か**という指標です。オフィシャルなのかそうでないのか、という点に着目したものなので、こちらは分かりやすいと思います。

ギルバートのマトリックス

	制度的統制	非制度的統制
外在的統制 （制約）	議会による統制 裁判所による統制	マスメディアの報道 外部専門家集団による批判 圧力団体（利益集団）からの批判 住民運動による批判 情報開示請求
内在的統制 （制約）	大臣による統制 上司の職務命令 ⇒官僚的指揮命令系統	公務員の職員組合による批判 同僚職員からの評価や批判

「大臣による統制」は、執政機関と捉えると外在的統制とみることもできるよ。試験的には気にしなくてOKだけどね。

なお、ギルバートのマトリックスを見ればわかると思うのですが、行政統制は多元的になりますので、いわゆる「**行政責任のジレンマ**」が生じる可能性があります。統制が食い違う可能性があるからです。そして、このジレンマは、例えば、**内在的統制と外在的統制との間だけで生じるような現象ではない**、という点に注意しましょう。共に内在的-制度的統制である「大臣による統制」と「上司による職務命令」とがぶつかり合った場合にも生じるからです。

2 オンブズマン

オンブズマンとは、スウェーデン語で代理人や護民官を意味する用語です。住民たちの行政に対する苦情を受け付け、調査や是正勧告を行う第三者的な機関を言います。苦情調査官のようなイメージを持っておくといいと思います。最近は、行政の活動が増え、複雑化していくにつれて住民による行政統制の手段として脚光を浴びるようになってきました。**オンブズマン**を最初に導入したのは**スウェーデン**です。1809年に憲法によって創設されました。オンブズマンという言葉がスウェーデン語だということを覚えておけば、スウェーデン発祥ということがわかりますよね。その後、世界各国に波及していくわけですが、日本はどうなのでしょうか？ ここが試験で出題されるポイントです。

議会によって任命される「**議会型オンブズマン**」と行政府の長から任命される「**行政型オンブズマン**」があるよ。スウェーデンの場合は「**議会型オンブズマン**」だったんだ。

日本では、1990年に神奈川県**川崎市**が「川崎市市民オンブズマン条例」を制定し、市長が議会の同意を得て委嘱することになりました（川崎市市民オンブズマン条例7条2項）。定数は2人で任期は3年とされていますね（同条1項、3項）。**行政型オンブズマン**の典型です。その後、各地方公共団体に波及していくことになるのですが、**国レベルでは今もなお制度として導入されていません**。つまり、法律がないのです。

似たような制度として総務省の政策評価制度があるよね。でもあれは行政内部で行われるものだから、オンブズマンではないよ。

3 行政手続

行政手続法は、行政法でも出題されますが、実は行政統制の一手段と捉えることもできます。ですから、行政学でもたびたび出題されます。ただ、さすがに細かい

最近のオンブズマンのことを「オンブズ」とか「オンブズパーソン」と表現することも多い。「マン」が男性を指すという指摘があるからなんだ。

点については出題されないので、核となる大雑把な知識を押さえておけばOKです。

まず、行政手続法は、**1993年に制定され、1994年から施行されている**行政法規で、**処分**、**行政指導**及び**届出**に関する手続並びに**命令等を定める手続**に関して、共通する事項を定めることによって、行政運営における**公正の確保**と**透明性の向上**を目指しています。これを徹底すれば、**国民の権利利益の保護**に資するだろう、という発想が根底にあるわけです。一応確認ですが、対象は「処分」（つまり行政行為）、「行政指導」「届出」「命令等制定行為」の４つですね。これらの手続を法でコントロールする仕組みがたくさん書かれています。

ただ、これはあくまでも国の法律です。ですから、地方自治体が行う行政指導と命令等制定行為は適用除外となっているので、同法は一切適用されません。また、「法律」に基づいて地方自治体がする処分や、地方自治体に対する届出には同法の適用があるのですが、「条例又は規則」に基づいてするものには同法は適用されません。地方ルールがあるのなら、そちらを優先的に使うべきだからです。もちろん適用されないものについては、各地方自治体が有する行政手続条例によって規律されることにはなります。

行政学でよく出題されている知識としては、行政手続法の**2005年改正事項**があります。今でこそ行政手続法には、処分、行政指導、届出、命令等制定行為の**４つ**がルールとして盛り込まれていますが、命令等制定行為に関するルールは2005年改正から付け加えられたものになります。そのルールとは、ざっくり言うと行政が命令等を作る前に**パブリック・コメント（パブコメ）**を行おうというものです。**法律とは異なり**、行政が作る命令等には国民の意思が直接反映されていません。そこで国民の意見を事前に募って、それをなるべく反映させていこう、という発想が生まれるのです。これを具現化したのがパブリック・コメントです。行政手続法の中では「**意見公募手続**」と呼びま

行政手続法には規定されていないけど、ほかにも**パブリック・インボルブメント**（PI＝住民参画）という概念がある。これは、行政が事業計画の策定段階で事前に住民の意見を聞こうというものだ。情報を提供して住民の意見をもらいながら計画を作っていくイメージを持つといいね。自治体レベルでは既に試みが見られる。全国初のPIは横浜市青葉区の試みだよ。

法律は、僕たちの代表である国会が作るものだから、直接民意が反映されているんだ。でも、命令等は行政が作るので民意が直接反映されていないんだ。だからパブコメが大切なんだね。

すので、言い回しに慣れておいてください。では、意見公募手続のポイントを次にまとめておきます。詳しくは行政法を参考にしていただければいいと思いますが、ここでは行政学で何度も問われている事項に絞ってまとめるにとどめました。

意見公募手続のポイント

- ✓ 意見公募手続を実施する、「命令等」とは、①内閣又は行政機関が定める法律に基づく命令又は規則、②**審査基準**、③**処分基準**、④**行政指導指針**の４つ。
- ✓ 命令等を定めようとする場合には、当該命令等の案とこれに関連する資料をあらかじめ公示して、意見の提出先や期間を定めて**広く一般の意見を求める手続をとることが必要である**。「広く一般の意見」という規定の仕方になっているので、**外国人や法人でも可能である**。これが意見公募手続である。もっとも、**公益上、緊急に命令等を定める必要があるため、意見公募手続を実施することが困難であるとき**などには、意見公募手続を経なくても構わない。また、委員会等の議を経て命令等を定めようとする場合において、当該委員会等が意見公募手続に準じた手続を実施したときは、自ら意見公募手続を実施することを要しない。
- ✓ 意見提出期間は、公示の日から起算して**30日以上でなければならない**のが原則。でも、**やむを得ない理由**があるときは、例外的に**30日を下回る意見提出期間を定めることができる**。この場合は、当該命令等の案の公示の際**その理由を明らかにしなければならない**。
- ✓ 命令等制定機関(命令等を定めようとする行政機関)は、意見公募手続を実施して命令等を定めるに当たっては、必要に応じ、当該意見公募手続の実施について**周知するように努める**。また、当該意見公募手続の実施に関連する**情報の提供に努める**。なお、意見の提出は電子メールかFAX、ネットでできる。
- ✓ 命令等制定機関は、意見公募手続を実施して命令等を定める場合には、**提出意見を十分に考慮しなければならない**。ただ、十分に考慮すればいいので、提出意見に法的な拘束力はない。
- ✓ 命令等制定機関は、意見公募手続を実施して命令等を定めた場合には、当該命令等の**公布と同時期に**、①命令等の**題名**、②命令等の**案の公示の日**、③**提出意見**、④提出意見を考慮した**結果及びその理由**を**公示しなければならない**。
- ✓ 公示は、電子情報処理組織を使用する方法その他の情報通信の技術を利用する方法(ネット上に公示)により行う。

実は「命令等」にあたらないものも各行政機関の任意でパブコメが行われているよ。「任意の意見募集」となっているのがこれだ。

4 環境アセスメント

環境アセスメントとは、開発事業の内容を決めるにあたって、それが環境に及ぼす影響をあらかじめ事業者自らが調査・予測・評価して、その結果を公表する制度です。事前に調査・予測・評価するという点がポイントでしょう。結果については、一般の人々や地方自治体などからの意見を聴き、それらを踏まえて環境保全の観点からよりよい事業計画を作ることに役立てていきます。この制度は1969年にアメリカで制度化されたものです。我が国では**地方自治体レベルの環境影響評価条例が先行**し、その後国レベルでも1997年に「**環境影響評価法**」が制定されるに至りました。

国の方は、一度1981年に環境影響評価法案が提出されたんだけど廃案になっちゃったんだ。

ちなみに、2011年には計画段階環境配慮書手続(配慮書手続)や環境保全措置等の結果の報告・公表手続(報告書手続)などを盛り込んだ改正環境影響評価法が成立しました。

5 情報公開制度

情報公開制度とは、政府が持っている情報を請求してきた人に対して開示する制度です。なぜこのような制度が認められているのかというと、もともと政府は国民の信託に基づいて国民の情報を預かっているだけだからです。国民主権の国では、政府の情報は国民の情報とみなすことができるため、主人である国民が情報の開示を求めているなら、それをオープンにして当たり前なのです。そして、これができて初めて政府は説明責任を果たしたと言えるわけですね。

情報公開制度は18世紀に初めて**スウェーデン**で法制化されました。その後デンマークやノルウェー、フランスなどに波及していきました。一方、日本では、まず市町村レベルから始まりました。1982年3月に**山形県金山町が全国で初めて情報公開条例を制定**した形となります。都道府県レベルにおいても、同年10月に神奈川県が条例を制定しました。そこから全国に広がり、現在は全ての都道府県に条例が備わっていますし、ほぼすべての市区町村が条例を持っている状況です。

では、国は? と言うと、**1999年に情報公開法が成立**し、2001年から施行されています。具体的に言うと、

アジアで一番早く国家レベルの情報公開法を定めたのは韓国だよ。

行政機関情報公開法（行政機関の保有する情報の公開に関する法律）と独立行政法人等情報公開法（独立行政法人等の保有する情報の公開に関する法律）の２つがあり、行政機関と独立行政法人等（すべての独立行政法人および政府の一部を構成するとみられる特殊法人・認可法人等）が保有する文書についての開示請求権等が定められています。試験に出るのは、行政機関情報公開法なので、そちらだけ覚えておけば全く問題ありません。

行政機関情報公開法の内容

✓ 情報公開法は「国民主権の理念」や政府の国民への「説明責任」については明記しているが、肝心の**「知る権利」については明記されていない。**

✓ 情報の開示請求権者は、「何人も」となっているので、**法人や外国人含めて誰でも可能**。外国に住んでいる外国人でも可。また、営利目的であっても行政文書の開示を請求することができる（公益目的であろうがなかろうが関係ない）。

✓ 開示請求の対象機関は、会計検査院を含む**国の行政機関である**。したがって、**国会、裁判所、地方自治体、独立行政法人、特殊法人は同法の対象機関ではない**。ちなみに、地方自治体は条例により開示請求の対象となる。また、独立行政法人や特殊法人も特別の情報公開法が用意されているのでそちらで開示請求の対象となる。

✓ 開示請求の対象となる行政文書は、行政機関の職員が職務上作成し、または取得した文書・図画や**電磁的記録**である。もっとも、**供覧や決裁などは経ていなくてもいい**。また**官報や白書など**はもともと公開されているので**含まれない**。

✓ 不開示情報は、**個人識別情報**、**法人情報**、国の安全等に関する情報、公共の安全と秩序の維持に関する情報、審議・検討・協議に関する情報、事務や事業に関する情報の**6つ**。

✓ 手数料は**徴収できる**。

✓ 開示決定は、請求から原則として**30日以内に行う（３か月は×肢なので注意）**。開示方法は、閲覧のみならず、**写しの交付もOK**。

✓ 開示決定に不服がある請求権者は、行政機関の長に対して**不服申立て（審査請求）**ができる。また、不服申立てをせずにいきなり情報公開訴訟（取消訴訟）を提起することもできる（**自由選択主義**）。

- ✓ 不服申立てをされた行政機関の長は、いきなり裁決をするのではなく、**原則として情報公開・個人情報保護審査会に諮問しなければならない**。もっとも、①不服申立てが**不適法で却下**する場合、②裁決で、不服申立てにかかる開示決定等を取り消しまたは変更をし、**全部開示することとする場合、諮問は不要**とされている。なぜなら、①のように却下する場合は、そもそも国民の利益を考える必要性が乏しいし、②の場合のように全部開示するのであれば、国民に文句はないはずなので、諮問する意味もなくなるからである。
- ✓ 行政機関の長は、開示請求に係る行政文書の一部に不開示情報が記録されている場合で、不開示情報が記録されている部分を容易に区分して除くことができるときは、開示請求者に対し、その部分を除いた部分につき開示しなければならない。これを「**部分開示義務**」という。ただ、当該部分を除いた部分に有意の情報が記録されていないと認められるときは、開示する必要はない。
- ✓ 行政機関の長は、開示請求に係る行政文書に不開示情報が記録されている場合であっても、公益上特に必要があると認めるときは、開示請求者に対し、当該行政文書を開示することができる。これを「**長による裁量的開示**」という。あくまでも行政機関の長の裁量なので義務ではない点に注意。
- ✓ 開示請求に対し、当該開示請求に係る行政文書が存在しているか否かを答えるだけで、不開示情報を開示することとなるときは、行政機関の長は、当該行政文書の存否を明らかにしないで、当該開示請求を拒否することができる。これを「**存否応答拒否**」や「**グローマー拒否**」などと呼ぶ。

6 行政機関個人情報保護法

行政機関情報公開法とは別に、「行政機関個人情報保護法」という法律もあります。これは行政が保有している自分の個人情報をその本人が開示してもらうことができる、という法律です。はじめは罰則規定がなくて、いったん廃案となったのですが、これを盛り込んだことで2003年にようやく成立したという経緯があります。個人情報保護というと、皆さんは民間事業者が個人情報の扱いにつき守らなければいけない義務が規定されている「個人情報保護法」を思い出すでしょうが、あれは民事法です。「行

ほかにも、一定の場合に訂正や利用停止を請求することもできるんだ。

個人情報保護法も報道機関らの取材の自由を侵害するとして、いったん廃案になったんだ。でも、これらを規制対象から外す「例外規定」を置いたことで、行政機関個人情報保護法と同時に成立したんだよ。

個人情報保護法は2017年に大改正されたよ。個人識別符号や匿名加工情報（53条～55条）、要配慮個人情報などが明記されたんだ。

政機関個人情報保護法」はあくまでも行政法規なので注意しましょう。

なお、行政機関個人情報保護法が規制対象としているのは、**国の行政機関**です。ですから、**地方自治体は条例**で、独立行政法人や特殊法人は特別の個人情報保護法で規制対象とされています。

行政機関個人情報保護法のポイント

✓ 目的は個人のプライバシー権の保護だが、**条文上は「プライバシー権」との文言を明記していない。**

✓ **何人も**、行政機関の長に対し、当該行政機関の保有する**自己を本人とする保有個人情報の開示を請求することができる。**請求権者は「何人も」となっているので、**法人・外国人含めて誰でも可能。**外国に居住する外国人も請求することができる。ただ、開示を請求できるのは「自己を本人とする保有個人情報」だけである。行政文書一般の開示を請求できる情報公開法とは全然違うので注意。

✓ 行政機関の長は、それが不開示情報に該当しない限り、開示しなければならない。

✓ 情報公開法と同じく、部分開示義務や、長による裁量的開示、グローマー拒否などがある。

✓ 「個人情報」は、**生存する個人に関する情報**である。よって、**死者の情報は含まれない。**

✓ 「行政機関」は、情報公開法と同じなので、会計検査院を含む**国の行政機関をさす(国会、裁判所、地方自治体は×肢なので注意)**。

✓ 行政機関は、個人情報を保有するに当たっては、所掌事務を遂行するため必要な場合に限り、かつ、その利用目的を**できる限り特定しなければならない。**

✓ 行政機関は、特定された利用目的の達成に**必要な範囲を超えて**、個人情報を保有してはならない。

✓ 行政機関は、利用目的を変更する場合には、**変更前の利用目的と相当の関連性を有すると合理的に認められる範囲を超えてはならない。**

✓ 行政機関の長がした開示決定に不服がある場合は、不服申立て(審査請求)ができる(これは行政機関情報公開法と全く同じ)。また、不服申立てをせずにいきなり取消訴訟を提起することもできる(**自由選択主義**)。

PLAY&TRY

1. ファイナーは、機能的責任とは、特定分野の技術的・科学的知識に関し、政策の適否を判断しうるような専門家仲間ないし科学的集団によるチェックを指すとした。

【特別区H27】

1. ×
フリードリッヒの誤り。

2. ファイナーは、民主的政府における行政責任は、XはYの事項に関してZに対して説明・弁明しうるという公式が成り立ち、説明・弁明の相手方の内在性が不可欠の要件であるとした。

【特別区H27】

2. ×
定義は合っているが、内在性が不可欠としたのではない。むしろ議会に対する外在的責任を重視した。

3. ファイナーは、民主的政府における行政責任は、議会に対する外在的な政治的責任でなければならならず、道徳的義務への内在的・個人的感覚だけでは民主政は成り立たないとした。

【特別区H27】

3. ○
そのとおり。フリードリッヒを批判したくだりとして覚えておこう。

4. ファイナーは、行政責任を確保する手段として、行政官の専門家としての責任感や職業倫理を信頼すべきか、一般国民や議員の良識を信頼すべきかというジレンマが存在するとする、フリードリッヒの理論に賛同した。

【特別区H27】

4. ×
むしろ批判した。議会に対する重視するファイナーの考えからはジレンマは生じない。

5. 同僚職員の評価は、外在的・非制度的統制である。

【特別区R1改題】

5. ×
内在的・非制度的統制である。

6. マスメディアによる報道は、外在的・非制度的統制である。

【特別区R1改題】

6. ○
そのとおり。ほかの例も覚えておこう。

7. 裁判所による統制は、外在的・非制度的統制である。

【特別区R１改題】

7. ×
外在的・制度的統制である。

8. 官僚制指揮命令系統による統制は、内在的・非制度的統制である。

【特別区R１改題】

8. ×
内在的・制度的統制である。

9. 住民運動は、外在的・非制度的統制である。

【特別区R１改題】

9. ○
そのとおり。ほかにもマスメディアによる報道などがある。

10. 「パブリックコメント」(意見公募手続制度)とは、国の行政機関が政令や省令等を制定する際に、事前にその案を公表して広く一般国民から意見を求める制度であるが、平成17年の行政手続法の改正によって、全ての政令や省令等の制定の際に実施が義務付けられた。

【国家一般職H25改題】

10. ×
全ての政令や省令等の制定の際に意見公募手続を行わなければならないわけではない。公益上、緊急に命令等を定めることが必要な場合等、例外的に意見公募手続が不要となる場合がある。

11. 政令や府省令等の制定・改正を必要とする行政施策を決定する前に、広く一般の意見を聴取する意見公募手続(パブリックコメント)が行われている。これは、政策に利害関係を有する個人が施策決定前に意見を表明できる機会であり、書面の持参による提出のみが認められている。

【国家一般職R１】

11. ×
書面の持参による提出のみが認められているわけではなく、電子メールやFAX、ネット上の提出も認められている。

12. 「行政機関の保有する情報の公開に関する法律」の制定により、国民主権の理念に基づいて、日本国民に限って行政機関が保有する行政文書に対する開示請求が可能となった。ただし、電磁的記録は、開示請求の対象とはされていない。

【国家一般職R１】

12. ×
開示請求ができるのは日本国民に限られない。また、電磁的記録も開示請求の対象となる。

13. 「行政機関の保有する情報の公開に関する法律」(情報公開法)においては、何人も、行政機関の長に対し、当該行政機関の保有する行政文書の開示を請求できる旨を定めている。ここでいう「行政文書」には、官報や白書などは含まれない。

【国家一般職 H25改題】

13. ○
そのとおり。もともと公開されているような官報や白書などは含まれない。

14. 我が国の情報公開制度は、政府が保有する情報について請求権者からその開示を求める請求を受けた時に開示する義務を負う制度であり、国レベルでは、アジアで最も早く実施された。

【特別区 H29】

14. ×
アジア初は韓国である。

15. 我が国の情報公開制度は、地方自治体が国の行政機関の保有する情報の公開に関する法律に先行し、1982年に制定された山形県金山町の情報公開条例から始まった。

【特別区 H29】

15. ○
そのとおり。地方先行であった点はよく出題されている。

16. 開示請求の対象となる機関は、行政機関の保有する情報の公開に関する法律においては、中央省庁、地方自治体に限らず、国会、裁判所、特殊法人も含まれる。

【特別区 H29】

16. ×
地方公自治体や国会、裁判所、特殊法人については、この法律には含まれていない。

17. 行政文書の開示を請求することができる者には、行政機関の保有する情報の公開に関する法律において、日本国籍を有する者という資格要件があるため、外国人は含まれない。

【特別区 H29】

17. ×
日本国籍を有する者という資格要件はない。したがって、外国人も含まれる。

18. 我が国に居住する外国人は、行政機関の長に対し、当該行政機関の保有する行政文書の開示を請求することができる。他方、外国に居住する外国人は、我が国の行政機関の保有する行政文書の開示を請求することができない。

【国家一般職H26】▶行政法での出題

18. ×
外国に居住する外国人も請求することができる。

19. 行政文書の開示請求があったときは、行政機関の保有する情報の公開に関する法律においては、行政機関の長は30日以内に開示する義務を負い、個人に関する情報であっても、当該行政文書を必ず開示しなければならない。

【特別区H29】

19. ×
開示義務というよりも開示の決定をする。また、個人識別情報については開示されない。

20. 行政機関の長は、開示請求に係る行政文書に不開示情報が記録されている場合であっても、公益上特に必要があると認めるときは、開示請求者に対し、当該行政文書を開示することができる。

【国家一般職H26】▶行政法での出題

20. ○
そのとおり。長の裁量的開示である。

過去問の18や20は、行政法でも問われる知識だ。試しに国家一般職の行政法の過去問を入れてみたので確認してみて。

また、これらは行政機関個人情報保護法の知識として問われることもある。なぜなら、規定の仕方が行政機関情報公開法と同じだからだ。

例えば、特別区では18と20の知識が行政機関個人情報保護法の知識として問われたことがあるよ。

地方自治

難易度 ★★★

頻出度 ★★★

地方自治は、社会科学や行政法、行政学などさまざまなところで出題が見られます。また、時事的な知識は、別途補っていく必要があります。

1　地方自治の類型

各国の地方自治を類型化していくと、中央と地方の関係がキーになることがわかります。西欧では主に2つに類型化できますので、それをここでは紹介します。

1 アングロ・サクソン系諸国(英米系)

イギリスの政治学者J.ブライスは、「地方自治は、民主主義の最良の学校である」と述べたんだよ。

まず、アングロ・サクソン系諸国ですが、これには**地方自治の母国**であるイギリスとそこから独立を果たしたアメリカが含まれます。イギリスは単一主権国家、アメリカは連邦制国家という感じでバックボーンは違うのですが、カテゴリーは同じです。

これらのアングロ・サクソン系諸国では、様々な背景があるにせよ、地方分権の度合いが高かったという共通点を有します。中央（国）と地方（自治体）は対等の関係で、警察や教育なども**市町村レベルの自治体**の事務と考えられていました。国の仕事を地方に押し付けることはなく、国の事務を地方でする必要がある場合は、すべて国の**地方出先機関**を通じて直接執行する形をとります。要するに、中央が地方に委任してやらせるみたいなことはしないわけです。そもそも、中央と地方の権限は**法律で分離**されています。法律で中央の仕事は○○、地方の仕事は△△という具合に1つひとつ厳格に分離されているのです。このようなやり方を「**制限列挙方式**」と呼びます。ですから、中央が地方に対して指揮命令をすることもほとんどなくなります。ただ、そうすると「えっ、でも制限ということは自治が弱まるのでは？」

という質問が来るのですが、確かに、地方が取り扱うことのできる事務の範囲は限定的になります。しかし、中央は地方にあれをしろ、これをしろ、と言えなくなるわけですから、**事務の自律性が格段に高まります**。ですから、中央が地方に対して指揮命令をすることもほとんどなくなります。つまり、所管する事務についての**裁量が広がるため、自由に判断**することができるようになるわけですね。これをもって強い地方自治が実現するのです。イメージ的には、地方自治の強さは扱える事務の幅にあるのではなく、自律性の強さにあると考えておきましょう。

アングロ・サクソン系諸国

法律で中央と地方の事務が分離(**分権・分離型**)→**制限列挙方式**

このように、アングロ・サクソン系諸国では制限列挙方式を採用し、中央と地方の事務権限が厳格に分離されているので、両者が**授権法（権限を分配する法律）などの解釈などをめぐって争いになることが多いと言います。つまり、訴訟になることが多いということです**。結局、中央と地方との事務権限をめぐる争いは、授権法による**事前の立法的統制**か、裁判所による**事後の司法的統制**のどちらかで解決されることになります。

2 大陸系諸国

フランスやドイツ、イタリアなどの大陸系諸国では、地方自治はあくまでも国が承認する範囲で行われるものにすぎませんでした。ですから、構図的には国が上で地方が下のような形の**上命下服の関係**になっていて、**警察は国家警察、教育も国の事務と考えられてきました**。大陸系諸国では、国に**内務省**のような内政の統括官庁が置かれ、地方自治を統括するのが一般的で、現に**戦前の日本も知事は選挙ではなく、中央から派遣**されていましたよね。内務省の役人が中央から派遣されてきたわけです。また、国と地方の事務とをしっかりと区別するという発想があまりなかったので（**集権・融合型**）、地方の事務の範囲は大雑把に「**概括授権方式**」あるいは「**概括例示方式**」で決められていました。「AやBだけではなくその他Cもやっていいよ」となっていて、「その他C」もできる感

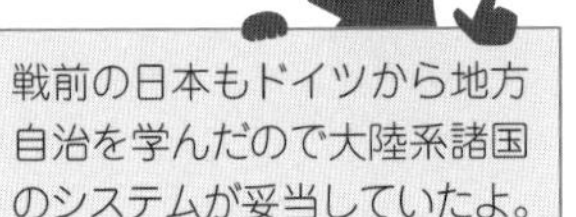

Teramoto's Trivia　知事が中央から派遣されるというのは律令制下の国司と似ているね。

じになっていたということです。これは一見よさそうですが、国と地方の重複行政を生む温床となりますし、実際は国が「その他C」の事務を通達で「ああしろ、こうしろ」と命令していたため、地方の裁量的判断はとても狭いものでした。また、国が上で地方が下という発想が強いので、国の事務を地方に**委任（授権）**して行わせるようなことも当然に許されていました。日本でも**機関委任事務**による**一般的指揮監督**が認められていましたよね。でも、これでは地方は国のお手伝いさんのような感じになってしまい、自治が大幅に制限されてしまいます。結局、地方は自分たちのこともやり、国から頼まれたまま委任事務も行うという、いわば複数の役割を否応なく果たさなければならなかったのです。

大陸系諸国

中央と地方の事務が明確に分離されていない（**集権・融合型**）
→概括授権方式、概括例示方式

3 現代的現象

上記のように、伝統的な類型をお話ししましたが、現代においては、福祉国家の進展により、中央と地方の**相互依存の気運が高まっています**。学者の中にもこのような現象を指摘する人が出てきました。例えば、イギリスの**R.A.Wロウズは**、**立法権限（法的資源）や財政権限（金銭的資源）は中央の方が地方より優位**しているものの、**組織資源や情報資源については現場をもっている地方の方が中央より優位**しているとし、両者は**相互依存関係**にあると指摘しています。

2 日本の地方制度

日本の地方制度は戦前と戦後に分けて見ていく必要があります。長くなりますが、試験では頻出なので、ちゃんと目を通してもらいたいですね。

1 戦前

まず、明治政府は戊辰戦争で旧幕府軍を倒したわけですが、実態は大変ショボく、税をとる権限もないし、自国軍を編成する権限もありませんでした。これらはすべて藩が持っていたからです。しかし、これでは日本全国に支配の手を伸ばすことなど不可能であるため、藩を解体して、明治政府が直接税を取り立て、軍を編成できるようにする必要がありました。そこで、1869年に**版籍奉還**を実施しましたが、旧藩主をそのまま知藩事として任命したため、「殿様」という名前が「知藩事」に代わっただけで意味がありませんでした。これではいかん、ということで、1871年に一気に**廃藩置県**を断行し、**府知事・県令を中央政府から派遣**する仕組みに変えます。しかし、当初は３府302県あったということですから、超分立状態ですね（笑）。そして、町村レベルで初の壬申戸籍（じんしんこせき）を作りました。その後、1878年に大久保利通の主導の下、**三新法**が出来上がります。群区町村編成法、府県会規則、地方税規則の３つです。帝国議会が開かれる前には山県有朋の主導の下、**市制・町村制（1888年）、府県制・郡制（1890年）**が制定されました。これはドイツの法学者A.モッセの立案によるものと言われています。日本の戦前の地方自治制度はドイツ流だったということが分かりますね。当時の地方自治は次のようになります。

明治憲法には地方自治の条文は置かれていなかったんだ。その代わりに市制・町村制と府県制・郡制が定められたんだね。

戦前の地方自治体の機関

✓ **町村(町村会あり)**	
✓ **市(市会あり)**	ただし、**東京・京都・大阪の三大都市は市会なし**。しかも**市長の仕事を知事が行っていた**(知事が市長を兼任)。これを**大都市特例**という(1898年に廃止)。
✓ **府県(府県会あり)**	府県知事は**内務省任命の官選知事**。
✓ **郡(郡会あり)**	1923年に廃止された。

ポイントは、すべての自治体に議会が置かれていた点と**府県知事は内務省任命の官選知事**であった点です。また、市は市でも**東京・京都・大阪の３大都市は、自治が制限されていた**点です。やはり府県や３大都市のような大きな自治体は、権力を握ると困るという事情があったのでしょう。富国強兵の中央集権国家を樹立していく必要があった時代ですから、思いをはせれば分かると思います。また、これは余

大久保利道はこの後すぐに「紀尾井坂の変」で暗殺されてしまったんだ。

談ですが、時を経て1943年に制定された**東京都制**という法律によって、東京府と東京市は廃止・統合され、東京都が設置されました。

2 戦後

① 戦後の改革▶

第二次世界大戦が終わり、**日本国憲法に地方自治の条文が置かれるようになりました。「第８章」が地方自治の条文ですよね**。また、1947年に日本国憲法と同時に地方自治法も施行され、普通地方公共団体として都道府県と市町村の二層構造が採用されるに至りました。これにより、都道府県や市町村の長は直接公選制（**直接選挙**）で選ばれることになり、同年末に**内務省は廃止**されました。74年余りの歴史に幕を閉じたことになります。

日本国憲法92条は、「地方公共団体の組織及び運営に関する事項は、地方自治の本旨に基いて、法律でこれを定める」としていて、「地方自治の本旨」が初めて明記されたんだ。ちなみに、ここでいう「法律」は地方自治法のことだよ。

地方自治は一時、警察が市町村の所管とされたり、公選制の市町村教育委員会が設置されたりと一気にリベラル路線に舵を切ったのですが、これらは結局**1950年代**にもとに戻ってしまいました。すなわち、警察と教育は都道府県に移管され、教育委員の公選制も廃止されてしまいました。これを逆コースと言います。また、戦前は市町村レベルに対してのみ使われていた**機関委任事務**を都道府県レベルまで**拡大**して使うようになりました。これは今の流れとは真逆なので注意してください。こんな感じで、戦後と言えども国と地方は依然として上下関係に置かれていたわけです。

地方財政については**シャウプ勧告**に基づいて改革が実施されたよ。市町村を第一優先とし、そのためには市町村の財政基盤を強化する必要があるとして、1950年には国からの交付金も用意された（**地方財政平衡交付金**）。自治体間の格差をなくすためだ。でもこれは後に算定に問題があるとして、現在の「**地方交付税制度**」に変更されたんだ（1954年に変更）。

1947年の制定当時の地方自治法には、機関委任事務について「職務執行命令訴訟制度」なるものが存在していた。これは首相が命令に服さない都道府県知事をクビにすることができるというもので、批判が強かった。そこで1991年の地方自治法改正で廃止された。

東京都制は1947年の地方自治法の施行によって廃止されたよ。

② 大都市に関する制度▶

まずは、特別区の歴史から見ていきます。試験的には**特別区の区長公選制の廃止**を覚えておきましょう。1952年のことです。一時任命制になったわけですが、これに関しては結局**1974年**の地方自治法改正により、**区長公選制が復活**しました。また、1998年の地方自治法の改正により、東京都が一体的に処理するものを除き、一般的に市町村が処理するものとされている事務を特別区が処理することとされました。これは、特別区が「**基礎的な地方公共団体**」とされたことを意味しています。

1998年地方自治法改正

- ✓ 特別区を「**基礎的な地方公共団体**」として位置付ける。
- ✓ 特別区の自主性・自立性を強化する。
- ✓ 東京都から特別区へ事務を移譲する(清掃事務など)。

次に、**指定都市制度**についてです。一般に政令指定都市と言われるあれです(法律用語としては指定都市なので、以下「指定都市」と呼ぶ)。1956年の地方自治法改正によって導入されたのが指定都市制度です。もともと横浜、名古屋、京都、大阪、神戸の5大都市は超ビッグな都市なので、府や県から独立して、**特別市**とすることが目指されていました。これらの自治体が府や県の区域外という扱いを受ける制度なので面白い構想と言えます。でも、府や県は特別市構想に強く反対しました。「横浜市が神奈川県の自治体ではなくなるぞ～」というわけですから、反対するのも当然です。そこで、**妥協案として浮上したのがこの指定都市制度**です。府や県から権限の一部を移すので、そのまま府や県に籍を置いてください、という形に落ち着いたわけです。2020年1月現在、指定都市(人口50万人以上)は全国で20か所ありますから、だいぶ増えましたよね。指定都市制度の特徴を次にまとめておきます。時間がある方は、ぜひ一読してみてください。

Teramoto's Trivia 現在、地方自治法を所管しているのは総務省だよ。

指定都市制度の特徴

- ✓ 指定都市は、市長の権限に属する事務を分掌させるため、**条例**で、その区域を分けて**区を設け**、区の**事務所**又は必要があると認めるときはその出張所を置く。また、区ごとに選挙管理員会を置く。この区は**行政区**なので独立の法人格を有する特別区ではない。
- ✓ 区にその事務所の長として区長を置く。
- ✓ 区長又は区の事務所の出張所の長は、**当該普通地方公共団体の長の補助機関である職員をもって充てる**。一般的に局長クラスまたは部長クラスの役職である。選挙で選ぶのではない点がポイント。
- ✓ 指定都市は、必要と認めるときは、条例で、区ごとに区地域協議会を置くことができる。**議会は置くことができない。条例制定権もない。**
- ✓ 指定都市は、**その行政の円滑な運営を確保するため必要があると認めるとき**は、条例で、**行政区に代えて総合区を設け**、総合区の**事務所**又は必要があると認めるときはその出張所を置くことが**できる**。この総合区にその事務所の長として**総合区長**を置く。かかる総合区長は、市長が議会の同意を得てこれを選任する。総合区長の任期は、4年であるが、市長は、任期中においても解任することができる。
- ✓ 指定都市は人口50万人以上でないと法律上ダメなのだが、当初は「人口100万人以上、または、近い将来人口100万人を超える見込み」という基準が設定されていた。その後、基準が緩和され、**現在は人口70万人程度**となっている。この緩和された基準により生まれた指定都市がここ最近は多い。
- ✓ 一番新しい指定都市は熊本市(2012年4月1日～)。神奈川県は横浜市、川崎市、相模原市の3つの指定都市を抱えている(横浜市は全国で一番大きな人口を持つ指定都市)。

なお、指定都市制度以外では、2014年の地方自治法改正によって、従前の特例市制度（人口20万人以上）が廃止され、**中核市の指定要件が「人口20万人以上の市」に変更されました**。これは中核市制度と特例市制度の統合を意味します。

③ 2000年革命「地方分権一括法」▶

1999年に**地方分権一括法**が成立し、475本の法律を一気に改正することになりました（2000年4月から施行）。その中の柱はもちろん地方自治法の改正です。イメージとして、国と地方を**上命下服の関係から対等関係へと移行**させていこうという野心的な改革だと思っておきましょう。ちなみに、このころ、同時に中央省庁再編も行われ、これによって地方行財政制度は自治省から**総務省**の所管となりました。

村松岐夫は、日本の中央と地方の関係を、中央集権的な仕組みである「**垂直的行政統制モデル**」ではなく、双方の相互依存関係を前提にした「**水平的政治競争モデル**」によって理解すべきだとしたよ。

まず、とにもかくにも**機関委任事務制度が廃止**され、それに代わり自治事務と法定受託事務が創設されました。戦後機関委任事務が増えてくる中で、これが地方の自立を阻害する要因だと認識されるようになったためです。そこで、これを機に今までの**機関委任事務は、自治事務と法定受託事務の２つに整理されることとなりました**。中には事務自体を廃止したものや国の直轄の事務となったものなどもありますが、試験的には無視でいいでしょう。地方自治法は**法定受託事務を積極的に定義**し、自治事務を消極的（控除的）に定義しています。ですから、条文上は法定受託事務が何たるかを確定させ、それに該当しない事務を**自治事務**と扱う形になっています。法定受託事務には２種類あります。次のようになりますので、各自で確認してみてください。

自治事務とは、地方公共団体が処理する事務のうち、法定受託事務以外のものをいう。また、自治事務か法定受託事務かという問題と、財政負担の問題は関係ない。例えば、法律などによって地方自治体に対して事務の処理を義務づける場合は、**その事務の性質に関わらず、国が経費の財源につき必要な措置を講じる必要がある**（地方財政法13条参照）。

法定受託事務

	事務処理をする団体	本来果たすべき役割の所在
第１号法定受託事務	都道府県、市町村、特別区	国
第２号法定受託事務	市町村、特別区	都道府県

この表は、右から左へという具合に眺めてください。要するに、本来国が果たすべき役割を都道府県、市町村、特別区などの自治体が自分の事務として行うのが「第１号法定受託事務」です。一方、本来都道府県が果たすべき役割を市町村や特別区

が自分の事務として行うのが「第２号法定受託事務」です。法定受託事務の具体例としては、**国政選挙**、**旅券の交付**、**国の指定統計**、**国道の管理**、**戸籍事務**、**生活保護**などがあります。これら以外が自治事務です。例えば、介護保険サービス、国民健康保険の給付、児童福祉・老人福祉・障害者福祉サービス、都市計画の決定などがあります。法定受託事務は、あくまでも機関委任事務と異なり、**国の事務ではなく自治体の事務**である点には注意しましょう。

次に、地方に対する国や都道府県の**関与のルール**が見直されました。関与とは、国が地方の行っていること（あるいは都道府県が市町村の行っていること）にケチをつける制度です。国と地方の関係が上命下服ではなくなった以上、上からちょっかいを出せるような仕組みはおかしいですものね。そこで、関与の基本原則として、**関与法定主義**を採用することにしました。関与の根拠をちゃんと法律や政令で定めておかなければならないよ、ということです。そして、**関与の基本類型を法律に明記しない**、ということになりました。また、もし関与をめぐりトラブルになったら、これを公正かつ適切に審査してくれる機関があるのが理想的です。そこで国と地方のトラブルを解決する機関として総務省に「**国地方係争処理委員会**」を設け、審査・勧告等の権限を与えることにしました。また、関与に関する司法的解決の手段として国地方係争処理委員会の審査結果や勧告、国の措置に文句があれば訴訟を提起することもできるようになりました。

国の関与について、自治事務は原則として是正の要求まで、法定受託事務は是正の指示や代執行等の強い関与が認められているよ。

都道府県が市町村に関与した場合のトラブルは、「自治紛争処理員」が審査するよ。

最後に財政制度についてですが、地方分権一括法では、地方自治体の課税権が拡大されました。それまでは条例で作れる法定外税は法定外普通税に限られていたわけですが、これに加えて、新たに**法定外目的税**を創設することができるようになりました。そして、これまでの大臣の許可制をやめて、**総務大臣の同意を要する協議制**（同意を要する事前協議制）に変わりました。「許可→協議」という流れは規制緩和を意味すると思っておきましょう。それから、同様に**地方債**の起債のルールも2006年度から変わりました。総務大臣または知事の許可が必要とされていた仕組みを廃止して、**事前協議制**を導入したのです。こちらはさらに、起債の自由度を高めるため、2012年度から規制を緩和し、一定の要件を満たした財政的に健全な自治

法定外普通税としては東京豊島区の狭小住戸集合住宅税（いわゆるワンルームマンション税）が、法定外目的税としては東京都の宿泊税が有名だよ。

体であれば届出をすればよく、事前協議を不要（同意が不要ということ）としました。８章で勉強したと思いますが、小泉改革もリマインドしておきますね。いわゆる「**三位一体改革**」です。これは「地方にできることは地方に」という理念を掲げ、地方分権を一層推進することを目指す改革でした。内容は三位一体という言葉が示すように、**①国庫補助負担金等の廃止・減額**、**②地方交付税交付金（一般財源）の減額**、**③税源移譲**、の３つを一体として行いました。

3 現在の地方公共団体

ここで、現在の地方自治法上の「地方公共団体」の種類をまとめていきます。2011年の地方自治法改正前まではこれ以外にも役場事務組合、全部事務組合、地方開発事業団があったのですが、現在では廃止されています。試験的には、特別区が特別地方公共団体に位置付けられていることが大切です。なお、2012年に「**大都市地域特別区設置法**」が制定され、人口200万人以上の指定都市は、**住民投票**で過半数の賛成が得られれば、指定都市を解体して特別区を置けるようになりました。橋下徹氏が大阪市長時代に住民投票を行ったことでも記憶に新しいのではないでしょうか？

地方自治法上の地方公共団体

<table>
<tr><td rowspan="2">普通地方公共団体</td><td colspan="2">都道府県</td></tr>
<tr><td colspan="2">市町村　→大都市（指定都市と中核市）については特例あり</td></tr>
<tr><td rowspan="4">特別地方公共団体</td><td colspan="2">特別区　→東京23区（市に準じる取扱い、基礎的な地方公共団体）</td></tr>
<tr><td rowspan="2">組合</td><td>一部事務組合（消防や下水道処理などの一部の事務を共同で行う）</td></tr>
<tr><td>広域連合（広域行政の観点から、国や都道府県から権限の委任を受けられる。2010年には初の関西広域連合が発足した）</td></tr>
<tr><td colspan="2">財産区</td></tr>
</table>

4 市町村合併

ブームは去りましたが、たまに試験で出てくるのが市町村合併です。行財政基盤を強化するためには、でかい自治体になればいいだろう的な発想で、2000年代に急ピッチで進められてきました。これは主に「団体自治の強化」には資する政策と言えます。1999年の市町村数は3232だったのですが、合併のあっせんが終わった2010年末には1727にまで減少しました。これを「**平成の大合併**」と言います。なぜここまで減ったのでしょうか？ それは本来、地方自治法の定める市の人口要件は５万人以上となっているところ、2000年の**改正合併特例法**でこの人口要件を３万人以上に緩和したからです。これが「**３万市特例**」と呼ばれている合併キャンペーンの特典です。しかし、この特例は2010年に廃止され、今は人口要件が５万人以上に戻っています。ちなみに、2020年1月現在、1718の市町村が存在しています。

明治の大合併、昭和の大合併に続く3回目の合併キャンペーンだよ。昭和の大合併は、中学校一つの運営規模に当たる人口8000人を基準として戦後に行われたんだけど、1万弱→3400余りまで減らした（３分の１程度）。このおかげで日本の基礎自治体の規模はグローバルスタンダードより大きくなったんだ。

結局、2005年３月末に失効し、財政支援措置（合併特例債）の申請なども廃止されてしまったんだ。

5 監査制度

外部監査制度は、地方自治体の財務管理を徹底し、住民の信頼を獲得するために1997年の地方自治法の改正で新たに導入された制度です。通常、地方自治体には監査機関として**監査委員**が置かれています。しかし、この監査委員による監査とは別に、外部の監査人（外部監査人）と契約して自治体の財務監査を行おうというわけです。これを「**包括外部監査制度**」と言います。都道府県、指定都市、中核市については、これが義務付けられているので、**契約を結ばなければなりません**。一方、その他の市町村は条例により導入することができます。つまり任意です。また、「個別外部監査制度」という仕組みもあります。これは議会、長、住民から請求

議会の議決を経て契約するよ。

された場合で、外部監査人による監査をすることが適当であるときに、外部監査人の監査を受けることができるというものです。地方自治体が条例により導入することができます。ちなみに、外部監査人には弁護士や公認会計士、税理士、地方自治体において監査等の行政事務に従事した者など監査の実務に精通している者が選任されます。外部監査人はみなし公務員という扱いをうけることから、守秘義務が課されます。

6　市支配人制（シティーマネージャー制）

市支配人制（シティーマネージャー制）とは、通常の市長制とは異なり、**市議会が市支配人（シティーマネージャー）を任命して、市議会が政策の立案を行い、市支配人が政策の執行に当たる仕組み**です。日本では見られませんが、アメリカにおいて採用されています。市支配人は、議会から雇われるので、**議会に対して行政運営の責任を負います**。日本でもこれを導入したらどうか？ という議論もありますが、日本国憲法上、首長を直接選挙で選ぶことになっているので、なかなか難しい面があるようです。

PLAY&TRY

1. アングロ・サクソン系諸国では、国の地方下部機構が簡素で早くから広域的な自治体に転化したこと、警察が自治体である市町村の所管事項とされたことなどから、この地方自治は分権型の地方自治と呼ばれている。

【特別区H30】

1. ○
そのとおり。
アングロ・サクソン系諸国の特徴である。

2. アングロ・サクソン系諸国では、中央政府には内政の総括官庁というべき内務省が設置され、府県レベルでは、中央政府の各省所管の事務権限の執行を内務官僚の官選知事が一元的に調整している。

【特別区H30】

2. ×
大陸系諸国の誤り。

3. ヨーロッパ大陸系諸国では、自治体の事務権限を法律で定めるに際して、制限列挙方式を採用しており、自治体が実施しうる事務、自治体が行使しうる権限を個別に明確に列挙している。

【特別区H30】

3. ×
アングロ・サクソン系諸国の誤り。

4. ヨーロッパ大陸系諸国では、自治体の権限の範囲をめぐって訴訟が提起されることが多く、地方自治法の解釈は判例によって形成されており、自治体に対する統制は立法的統制と司法的統制が中心である。

【特別区H30】

4. ×
アングロ・サクソン系諸国の誤り。

5. ヨーロッパ大陸系諸国では、同一地域内に市町村、府県の地方事務所、国の地方出先機関が並存しており、各政府の行政サービスは相互に分離された形で市民に提供される。

【特別区H30】

5. ×
アングロ・サクソン系諸国の誤り。

6. 大陸系諸国では、市町村の事務権限を法律で定める際、概括授権(概括列挙)方式と呼ばれる方法で定められており、これは、自治体が実施できる事務や行使できる権限を網羅的に一つ一つ列挙し、国と自治体の役割を分離することが特徴である。

【国家一般職H30】

6. ×
国と自治体の役割を分離することが特徴的なのは、アングロ・サクソン系諸国である。

7. 2000年に施行された地方分権の推進を図るための関係法律の整備等に関する法律(地方分権一括法)では、国と地方の関係を上下・主従の関係から対等・協力の関係に転換させる観点から、機関委任事務は廃止され、地方自治体の事務として存続する事務としては自治事務と法定受託事務に再構成された。

【特別区H29】

7. ○
そのとおり。
地方分権一括法の知識は大切である。

8. 第二次世界大戦後の我が国の地方制度改革では、日本国憲法の第８章に「地方自治」の章が創設された。その後、「地方自治の本旨」が初めて規定されたのが地方自治法であり、これにより都道府県が完全自治体となり、首長が公選から官選に改められるなど、地方分権が進んだ。

【国家一般職H30】

8. ×
日本国憲法で「地方自治の本旨」が明記された。また、首長は官選から公選に改められた。

9. 日本国憲法に定められた地方自治の本旨とは、住民自治と団体自治の原理であり、前者は地域住民の自律的な意思に基づいて地域の統治が行われること、後者は国内の一定地域の公共団体が中央政府から組織的に独立し、その地域を自主的に運営することと一般的に理解されている。

【国家一般職Ｒ１】

9. ○
そのとおり。
住民自治と団体自治の内容は憲法で勉強したと思うので、もう一度確認しておこう。

10. 我が国で昭和24(1949)年に提出されたシャウプ勧告は、国と地方の事務の再配分において、都道府県を第一優先とし、そのためには都道府県の財政基盤を強化する必要があることを主張し、国の負担する補助金の整理、国税と地方税の融合、地方財政平衡交付金制度の創設から成る三位一体の改革を提言した。

【国家一般職H30】

10. ×
市町村を第一優先とし、そのためには市町村の財政基盤を強化する必要があると主張した。また、国税と地方税は分離した。さらに、三位一体改革は小泉内閣で行われた改革であるため、時代が全然違う。

11. 昭和31年に創設された中核市制度は、大阪市や名古屋市等の大都市は府県から独立して、特別市として府県の権限と市の権限を併せ持つことをめざしていたが、府県は特別市構想に強く反対したため、その妥協の産物として創設された制度である。

【特別区H27改題】

11. ×
中核市制度ではなく、政令指定都市制度の誤り。

12. 昭和49(1974)年の地方自治法改正により、特別区において区長の公選制が廃止された。

【特別区H27改題】

12. ×
区長公選制が復活した。

13. 平成10(1998)年の地方自治法の改正により、都が一体的に処理するものを除き、一般的に市町村が処理するものとされている事務を特別区が処理することとされ、特別区は、広域的な地方公共団体とされた。

【特別区H27改題】

13. ×
基礎的な地方公共団体とされた。

14. 国と地方自治体の関係を公正で透明なものにするため、地方分権一括法による地方自治法の改正により、国の関与の標準類型及び関与の手続ルールが定められたが、地方自治体に対する国の関与に関する係争処理の制度は設けられなかった。

【特別区H29】

14. ○
そのとおり。
地方自治体に対する国の関与に関する係争処理の制度も設けた。

15. 第一号法定受託事務とは、法律又はこれに基づく政令により都道府県、市町村又は特別区が処理することとされる事務のうち、国が本来果たすべき役割に係るものであり、国においてその適正な処理を特に確保する必要があるものとして法律又はこれに基づく政令に特に定めるものをいう。

【特別区H29】

15. ○
そのとおり。
第二号法定受託事務の方も覚えておこう。

16. 国から地方自治体への財政移転には地方交付税があり、国は地方交付税の交付に当たっては、地方自治の本旨を尊重しなければならないが、地方交付税は特定財源であるため、その使途について、条件をつけ又は制限をすることができる。

【特別区H29】

16. ×
地方交付税は一般財源なので条件をつけ又は制限することはできない。

17. 現在、市町村合併を推進するために、市町村の合併の特例に関する法律に基づき、合併特例債に代表される手厚い財政支援措置が行われている。

【国家一般職H28改題】

17. ×
合併特例債制度は、2005年３月末、合併特例法の失効に伴い、廃止された。

18. 米国の地方自治における市会・市支配人制は、議会の議員と市支配人（シティーマネジャー）がそれぞれの住民の選挙で選出され、議会が政策の立案、市支配人が政策の執行に当たる仕組みであり、市支配人は、議会ではなく住民に対して行政の運営の責任を負っている。

【国家一般職Ｒ１】

18. ×
市支配人は議会から任命される。また、市支配人は、議会に対して行政の運営の責任を負う。

索引

Staff

編集
堀越美紀子

ブックデザイン
HON DESIGN

カバーデザイン
HON DESIGN　渡邉成美

本文キャラクター・カバーイラスト
谷仲ツナ

本文人物イラスト
えのきのこ

編集協力
髙橋奈央

エクシア出版の正誤情報は、
こちらに掲載しております。
https://exia-pub.co.jp/
未確認の誤植を発見された場合は、
下記までご一報ください。
info@exia-pub.co.jp
ご協力お願いいたします。

著者プロフィール

寺本康之（予備校講師、公務員試験評論家）
埼玉県立春日部高等学校卒業、青山学院大学文学部フランス文学科卒業、青山学院大学大学院法学研究科中退。全国の生協学内講座講師、公務員試験予備校 EYE 講師、東京法経学院専任講師を務める。大学院生のころから講師を始め、現在に至るまで、主に公務員試験や行政書士試験の業界で活躍中。専門は法律科目（憲法、民法、行政法、刑法、商法･会社法、労働法）と小論文。現在は、政治学、行政学、社会学、社会科学、人文科学、面接指導など幅広く講義を担当している。

寺本康之の
行政学ザ･ベスト プラス

2020年 3月4日　初版第1刷発行
2020年 4月1日　初版第2刷発行

著　者：寺本康之

発行者：畑中敦子
発行所：株式会社 エクシア出版
〒101-0031　東京都千代田区東神田2-10-9-8F
印刷・製本：モリモト印刷株式会社

ISBN 978-4-908804-45-8 C1030